全国经济专业技术资格考试辅导用书 克题制胜

建筑与房地产经济
专业知识与实务（中级）
历年真题及押题模拟试卷

全国经济专业技术资格考试辅导用书编写组◇编

适用于机考

前　言

全国经济专业技术资格考试实行全国统一考试制度，全国统一组织、统一大纲、统一命题、统一评分标准。参加考试且成绩合格者，即可获得相应级别的专业技术资格，并由各省、自治区、直辖市人事（职改）部门颁发人力资源和社会保障部统一印制并用印的"经济专业技术资格证书"，该证书在全国范围内有效。全国经济专业技术资格考试设置两个级别：经济专业初级资格和经济专业中级资格。每个级别的考试均设两个科目，分别为经济基础知识和专业知识与实务。其中，经济基础知识试卷题型为单项选择题和多项选择题，专业知识与实务试卷题型为单项选择题、多项选择题和案例分析题。

为促进经济专业技术人员不断提高业务知识和能力，满足广大考生和各地人事（职改）管理机构的需求，帮助广大考生熟悉考试题型，掌握命题规律，把握解题技巧，顺利通过全国经济专业技术资格考试，我们组织了一批长期从事经济专业技术资格考试教学研究、具有深厚理论功底及实务操作经验的专家和老师，依据最新发布的《全国经济专业技术资格考试大纲》，精心组织编写了本套全国经济专业技术资格考试辅导用书"历年真题及押题模拟试卷"。本套考试辅导用书具有如下特点。

历年真题　本书收录了1套（2020年）中级经济专业技术资格考试真题汇编（本科目于2020年首次考试）。考生通过做真题试卷不仅可以检验自己现有的知识水平，查漏补缺；还可以通过对真题试卷的研读，总结出各科目的命题规律，提炼出各科目的重难点、高频考点及热点，更深刻地理解考试大纲的要求，从而有针对性地进行复习，达到事半功倍的学习效果。

押题模拟试卷　编写组专家认真研究历年考试真题，综合分析最新考试信息，结合最新考试动态，精心编写了6套中级经济专业技术资格考试押题模拟试卷。试卷内容涵盖了近几年考试涉及的所有考点，预测了2021年考试的命题趋势，具有较强的实战模拟性质。通过押题模拟试卷的训练，考生可以更加直观地把握考试动向，明确考试重点，从而保证复习备考的针对性与高效性。

参考答案及解析　编写组专家对每套试题的答案及解析都作了反复推敲，确保答案精准无误，解析透彻全面。详尽的答案和解析不仅为考生提供了清晰的答题思路，更有助于考生进行全面的复习备考。

本套考试辅导用书集权威性与时效性、针对性与实用性于一体，不仅充分展现了经济专业技术资格考试独有的特色，而且对考生快速提高应试能力有很大的帮助与促进作用。

虽然编者努力精益求精，但由于水平和时间有限，书中难免存在疏漏与不足之处，敬请广大考生和读者斧正。最后，预祝广大考生顺利通过考试，轻松取得中级经济专业技术资格证书！

全国经济专业技术资格考试辅导用书编写组

目 录

历年真题及押题模拟试卷

2020年《建筑与房地产经济专业知识与实务》（中级）机考真题汇编 …（共12页）

《建筑与房地产经济专业知识与实务》（中级）押题模拟试卷（一）……（共12页）

《建筑与房地产经济专业知识与实务》（中级）押题模拟试卷（二）……（共12页）

《建筑与房地产经济专业知识与实务》（中级）押题模拟试卷（三）……（共12页）

《建筑与房地产经济专业知识与实务》（中级）押题模拟试卷（四）……（共12页）

《建筑与房地产经济专业知识与实务》（中级）押题模拟试卷（五）……（共12页）

《建筑与房地产经济专业知识与实务》（中级）押题模拟试卷（六）……（共12页）

参考答案及解析

2020年《建筑与房地产经济专业知识与实务》（中级）机考真题汇编 …………… 1

《建筑与房地产经济专业知识与实务》（中级）押题模拟试卷（一）………… 10

《建筑与房地产经济专业知识与实务》（中级）押题模拟试卷（二）………… 16

《建筑与房地产经济专业知识与实务》（中级）押题模拟试卷（三）………… 24

《建筑与房地产经济专业知识与实务》（中级）押题模拟试卷（四）………… 32

《建筑与房地产经济专业知识与实务》（中级）押题模拟试卷（五）………… 40

《建筑与房地产经济专业知识与实务》（中级）押题模拟试卷（六）………… 48

图书在版编目(CIP)数据

建筑与房地产经济专业知识与实务（中级）历年真题及押题模拟试卷／全国经济专业技术资格考试辅导用书编写组编．—上海：立信会计出版社，2020.12(2021.8重印)

全国经济专业技术资格考试辅导用书

ISBN 978-7-5429-6609-4

Ⅰ.①建… Ⅱ.①全… Ⅲ.①建筑经济—资格考试—习题集②房地产经济学—资格考试—习题集 Ⅳ.①F407.9-44②F293.30-44

中国版本图书馆CIP数据核字(2020)第256489号

策划编辑　　孙　勇
责任编辑　　毕芸芸

建筑与房地产经济专业知识与实务(中级)历年真题及押题模拟试卷

Jianzhu yu Fangdichan Jingji Zhuanye Zhishi yu Shiwu(Zhongji)Linian Zhenti ji Yati Moni Shijuan

出版发行	立信会计出版社
地　　址	上海市中山西路2230号　邮政编码　200235
电　　话	(021)64411389　传　真　(021)64411325
网　　址	www.lixinahp.com　电子邮箱　lixinaph2019@126.com
网上书店	http://lixin.jd.com　http://lxkjcbs.tmall.com
经　　销	各地新华书店
印　　刷	三河市文阁印刷有限公司
开　　本	787毫米×1092毫米　1／16
印　　张	9
字　　数	225千字
版　　次	2020年12月第1版
印　　次	2021年8月第2次
书　　号	ISBN 978-7-5429-6609-4／F
定　　价	40.00元

如有印订差错，请与本社联系调换

全国经济专业技术资格考试

2020年《建筑与房地产经济专业知识与实务》(中级)机考真题汇编

(考试时间90分钟 满分140分)

一、单项选择题(共60题,每题1分。每题的备选项中,只有1个最符合题意)

1. 下列情形中,属于邀请招标的有( )。
   A. 采购人依法能够自行建设、生产或者提供
   B. 受自然环境限制,只有少量潜在投标人可供选择
   C. 投资人依法能够自行建设、生产或提供
   D. 需要向原中标人采购工程、货物等,否则影响功能配套要求

2. 装配式建筑评价等级为A级,则装配率为( )。
   A. 86%~95%   B. 95%以上
   C. 60%~75%   D. 76%~85%

3. 监理人在收到工程设计文件后编制监理规划,并在第一次工地会议( )天前报委托人。
   A. 3   B. 10
   C. 14   D. 7

4. 工程网络图分为单代号网络图和双代号网络图,是按照( )依据划分。
   A. 计划目标   B. 表达形式
   C. 工作搭接   D. 工作性质

5. 装配式钢结构住宅中,三板技术是指( )。
   A. 主体工程、屋面体系、装修工程
   B. 楼面体系、屋面体系、墙体体系
   C. 墙体体系、屋面体系、装修工程
   D. 基础工程、主体工程、屋面体系

6. 一进口设备的到岸价格为20万美元,关税税率为15%,增值税税率为13%。美元兑人民币为1:7.1,该进口设备原价为( )万元。
   A. 160.46   B. 163.3
   C. 142   D. 184.53

7. 进口设备重量为1 000吨,离岸价格FOB为200万美元,海运费为400美元/吨,海运保险费率为2‰,美元兑换人民币为1:7.1,该设备的海运保险费为( )万元。
   A. 5.66   B. 2.85
   C. 4.29   D. 3.41

8. 下列关于容积率概念的说法,正确的是( )。
   A. 项目规划建设用地范围内总建筑面积与规划建设用地面积的比例
   B. 各类建筑基底面积之和占该块用地面积的比例
   C. 各类绿地面积总占建设用地面积的比率
   D. 单位建设用地容纳的居住人口数

9. 设计施工总承包合同文件包括:①承包人建议;②专用合同条款;③价格清单。正确的解释顺序是( )。
   A. ①③②   B. ②③①
   C. ③②①   D. ①②③

10. 履约保函的担保期限( )。
    A. 自发包人与承包人签订合同之日起,至签发工程移交证书日止
    B. 自发包人与承包人签订合同之日起,至工程竣工验收合格之日止
    C. 自提交履约保函之日起,至签发工程移交证书日止
    D. 自提交履约保函之日起,至工程竣工验收合格之日止

11. 下列关于装配整体式剪力墙结构特点的说法,正确的是( )。
    A. 空间布置灵活,造价低,适用范围广
    B. 水平荷载下的结构位移大
    C. 适用高度较大,抗震性能良好
    D. 建筑自重较小

12. 对已发出的资格预审文件或招标文件进行必要的澄清或者修改需在投标截止时间至少( )日前以书面形式通知所有潜在投标人。
    A. 20   B. 10   C. 5   D. 15

13. 建筑工程保险费率中采用单独年费率的是( )。
    A. 施工用机械、工具及设备   B. 保证期
    C. 场地清理费   D. 第三者责任险

14. BIM项目各参与方通过基本模型获取所需信息来完成专业模型,再将各自成果通过( )格式交换反馈到信息模型中供下一阶段使用和参考。
    A. IFC   B. PDF
    C. JPG   D. IDC

15. 采用一般计税方式计算增值税,正确的是( )。
    A. 增值税=(人工费+材料费+机器设备使用费)×9%
    B. 增值税=(人工费+材料费+机器设备使用费+企业管理费)×9%
    C. 增值税=税前工程造价×3%
    D. 增值税=税前工程造价×9%

16. 建设单位造价易控制,适合采用( )方式。
    A. 总价合同   B. 单价合同
    C. 成本加酬金合同 D. 可调价格合同

17. 下列属于监理人工作的是( )。
    A. 编写工程质量评估报告   B. 施工测量放线
    C. 编制施工进度计划   D. 组织竣工验收

18. 下列关于房地产市场需求构成的说法，正确的是（ ）。
    A. 特定时期、一定价格水平上，愿意购买的房地产商品量
    B. 特定时期、一定价格水平上，能够购买的房地产商品量
    C. 特定时期、一定价格水平上，愿意购买且能够购买的房地产商品量
    D. 特定时期、一定价格水平上，愿意购买或能够购买的房地产商品量

19. 下列关于工程招标控制价的说法，正确的是（ ）。
    A. 招标控制价是对招标工程限定的最高工程造价
    B. 招标控制价应在招标时公布，可以上调或下浮
    C. 在开标前，招标控制价必须保密
    D. 投标人的投标报价可高于招标控制价，但不应超过规定的比例

20. 英国NEC合同文本中，带有工程量清单的标价合同是（ ）。
    A. 选项A B. 选项B
    C. 选项C D. 选项D

21. 下列属于装配化装修技术特征的是（ ）。
    A. 管线与结构结合 B. 湿式工法装修
    C. 部品集成定制 D. 节能低碳环保效益显著

22. 下列属于地源热泵的原理特点的是（ ）。
    A. 利用地下浅层地热资源既能制热又能制冷
    B. 利用地下深层地热资源只能制热
    C. 利用地下浅层地热资源只能制热
    D. 利用地下深层地热资源既能制热又能制冷

23. 下列属于外墙外保温的特点是（ ）。
    A. 不便于二次装修和吊挂饰物 B. 容易引起热桥
    C. 出现裂缝维修比较困难 D. 取材容易，施工方便

24. 工程项目构思策划的首要任务是（ ）。
    A. 工程项目系统构成 B. 工程项目目标系统
    C. 工程项目定义和定位 D. 工程项目重要环节策划

25. 某项目期初投资1 000万元，年利率为6%，预计8年后全部回收，则每年的净收益应为（ ）万元。
    A. 161.04 B. 159.38
    C. 157.06 D. 145.29

26. 王某因买房向银行贷款50万元，按复利计算，年利率为6%，在10年后一次还清，则还款额为（ ）万元。
    A. 83.76 B. 85.43
    C. 89.54 D. 91.27

27. 某设备估计尚可使用5年，为此准备5年后进行设备更新，所需资金估计为30万元，若存款利率为5%，从现在开始每期末均等存款，则应存款（ ）万元。已知：(A/F, 5%, 5) = 0.180 97。
    A. 6.426 B. 5.429
    C. 4.846 D. 5.868

28. 某项目预计建成投产后的年固定成本为46万元，每件产品估计售价为56元，单位产品变动成本为25元，销售税率为10%。则该项目盈亏平衡点的产量为（ ）件。
    A. 14 839 B. 18 110
    C. 18 400 D. 22 050

29. 某工程网络计划中，工作D有三项紧前工作，其最早开始时间分别是第25周、第21周和第19周，三项工作的持续时间分别为3周、8周和7周，则工作D的最早开始时间是第（ ）周。
    A. 26 B. 28
    C. 29 D. 31

30. 某建设项目的年设计生产能力为5 000台，单台产品销售价格为400元，年固定成本为660 000元，单台产品可变成本为180元，单台产品税金为20元。则其生产负荷率为（ ）。
    A. 3 300台 B. 33%
    C. 6 600台 D. 66%

31. 相同专业的施工企业组成联合体参加投标，在联合体各方均具备承担本招标工程资质的前提下，应按照资质等级（ ）的施工企业确定联合体的资质等级。
    A. 较低 B. 较高
    C. 平均 D. 最高

32. 某工程单代号网络计划中，工作G的最早开始时间为第18天，持续时间为5天，工作G有三项紧后工作，其最早开始时间分别为第28、30和32天，则工作G的自由时差是（ ）天。
    A. 5 B. 7 C. 9 D. 10

33. 按照概算法分类，建设投资中的土地使用费应列入（ ）。
    A. 工程建设其他费用 B. 建筑安装工程费用
    C. 固定资产费用 D. 其他资产费用

34. 某拟建项目预计产品年产量为30万吨，每吨单价为400元。资料显示该类项目资金周转率为1.5，则该项目总投资额大约是（ ）万元。
    A. 8 000 B. 10 000
    C. 12 000 D. 18 000

35. 对于大型建设项目而言，项目总投资中流动资金的估算宜采用（ ）。
    A. 分项详细估算法 B. 设备费用百分比法
    C. 生产能力指数法 D. 扩大指标法

36. 某工程的双代号网络计划中，工作G的最早开始时间是第21天，其持续时间为6天、总时差为4天，则工作G的最迟完成时间是第（ ）天。
    A. 25 B. 27
    C. 29 D. 31

37. 在检查某工程网络计划实际执行情况时，发现工作K的实际进度比计划进度滞后5周，工作K的总时差和自由时差分别为3周和1周，则工作K（ ）。
    A. 将使其紧后工作的最早开始时间推迟4周
    B. 将使其紧后工作的最早开始时间推迟5周

C. 将使总工期延误3周

D. 将不影响其紧后工作的自由时差

38. 下列关于装配式建筑评价的最低标准的说法，错误的是（　　）。

   A. 装配率不应低于50%

   B. 主体结构部分的评价分值不应低于20分

   C. 围护墙和内隔墙部分的评价分值不应低于10分

   D. 主体结构应采用全装修

39. 项目实施时可能发生的难以预料的支出和需要预先预留的费用，应列入建设工程造价的（　　）。

   A. 基本预备费　　　　　　　　B. 建设单位开办费

   C. 工程费用　　　　　　　　　D. 涨价预备费

40. 某企业准备5年后进行设备更新，到时所需资金估计600万元，若存款利率为5%，从现在开始每年年末均等存款，则每年应存款（　　）万元。已知：(A/F,5%,5)=0.18097。

   A. 78.65　　　　　　　　　　B. 108.58

   C. 120.00　　　　　　　　　D. 165.77

41. 某建设项目第一年计划投资额为1000万元，第二年计划投资额为500万元，建设期价格上涨指数为5%，则涨价预备费是（　　）万元。

   A. 50.00　　　　　　　　　　B. 51.25

   C. 750.00　　　　　　　　　D. 101.25

42. 下列招标要求中，属于招标人排斥投标人的是（　　）。

   A. 要求投标人具有履行合同的能力

   B. 要求投标人具有独立订立合同的权力

   C. 要求投标人与指定的材料供应商合作

   D. 要求投标人在最近三年内没有重大工程质量问题

43. 某投资项目初期投资额为2600万元，从第一年年末开始将有均等的净收益，每年折算至年末的净收益为580万元，则该项目的静态投资回收期是（　　）年。

   A. 4.12　　　　　　　　　　B. 4.48

   C. 5.48　　　　　　　　　　D. 6.20

44. 某企业准备4年后将正在使用的设备进行更新，更新该设备所需的资金估计为1200万元，若基准收益率为4%，为满足更新该设备的资金需求，从现在开始每年年末需均等地存款（　　）万元。已知：(A/F,4%,4)=0.23549。

   A. 223.36　　　　　　　　　B. 253.87

   C. 269.54　　　　　　　　　D. 282.59

45. 某生产单一产品的建设项目，设计年生产能力为16000件，已知建成后年固定成本为3600万元，单位产品的销售价格为6800元，单位产品的材料费用为2800元，单位产品的变动加工费和税金分别为800元和200元，则该建设项目的生产负荷率为（　　）。

   A. 68%　　　　　　　　　　B. 70%

   C. 72%　　　　　　　　　　D. 75%

46. 下列投标情形中，评标委员会应在初步评审中否决其投标的是（　　）。

   A. 投标人的综合评分最低

   B. 投标人的所有制形式不符合要求

   C. 投标报价高于招标文件设定的最高投标限价

   D. 投标报价超过标底上下浮动范围

47. 下列招投标情形中，属于招标人与投标人串通投标的是（　　）。

   A. 招标人向投标人发售招标文件

   B. 招标人向投标人公开标底

   C. 招标人组织投标人踏勘现场

   D. 招标人向投标人进行图纸交底和解释

48. 某建设项目的建设期为3年，每年的贷款额预计均为400万元，贷款年利率为6%，则应计入建设工程造价的建设期利息是（　　）万元。

   A. 62.92　　　　　　　　　　B. 111.64

   C. 113.00　　　　　　　　　D. 216.00

49. 招标人在工程量清单中提供的用于支付必然发生但暂时不能确定价格的工程设备的单价，应列入（　　）。

   A. 暂列金额　　　　　　　　B. 工程设备暂估价

   C. 总承包服务费　　　　　　D. 规费

50. 某单代号网络计划中，工作M有三项紧后工作，工作M与各项紧后工作之间的时间间隔分别为3天、5天和6天，则工作M的自由时差是（　　）天。

   A. 3　　　B. 5　　　C. 6　　　D. 14

51. 下列分析方法中，可以用于不确定分析的方法是（　　）。

   A. 敏感性分析　　　　　　　B. 风险分析

   C. 盈利能力分析　　　　　　D. 偿债能力分析

52. 下列不属于核心产品定位功能组合策划的是（　　）。

   A. 户型平面布局　　　　　　B. 住宅类型

   C. 设施设备　　　　　　　　D. 室内装修

53. 一星级、二星级、三星级三个等级的绿色建筑均应满足《绿色建筑评价标准》全部控制项的要求，且每类指标的评分项得分不应小于其评分项满分值的（　　）。

   A. 20%　　　　　　　　　　B. 30%

   C. 40%　　　　　　　　　　D. 50%

54. 某开发项目，设计单位制定了相关方案，经有关专家分析论证得到该方案重要性系数分别为0.2、0.1、0.3、0.4，对应的得分分别为10、9、9、8，则该方案的功能得分为（　　）。

   A. 8.8　　　　　　　　　　B. 9

   C. 9.5　　　　　　　　　　D. 10

55. 某工程预计造价为1000万元，准备采用邀请招标方式选择承包商，并在招标文件中要求投标人提交投标保证金，则该项目的投标保证金最高为（　　）万元。

   A. 20　　　　　　　　　　B. 40

   C. 60　　　　　　　　　　D. 80

56. （　　）是工程监理行业能够长期生存和发展的基本职业道德准则。
   A. 独立性　　　　　　　　B. 公平性
   C. 科学性　　　　　　　　D. 服务性

57. 美国 LEED 评价体系中，申请项目在满足所有评估前提条件后，评估结果按照评估要点和创新分的满足情况分为四个认证级别。其中，白金级满足至少（　　）的评估点要求。
   A. 40%　　　　　　　　　B. 50%
   C. 60%　　　　　　　　　D. 80%

58. （　　）是指比较评价对象之间的相关性来评定功能评价系数。
   A. 01 评分法　　　　　　B. 04 评分法
   C. 直接评分法　　　　　　D. 倍比法

59. 《"十三五"装配式建筑行动方案》规定，到2020年，培育（　　）个以上装配式建筑示范城市。
   A. 30　　　　　　　　　　B. 50
   C. 200　　　　　　　　　D. 500

60. 在房地产开发项目前期策划中，分析（　　）的关键任务是对项目进行客观准确的项目定位和产品定位。
   A. "为谁建"　　　　　　B. "建什么"
   C. "能否建"　　　　　　D. "怎么建"

二、**多项选择题**（共20题，每题2分。每题的备选项中，有2个或2个以上符合题意，至少有1个错项。错选，本题不得分；少选，所选的每个选项得0.5分）

61. 下列属于建筑市场运行特点的有（　　）。
   A. 交易持续时间短　　　　B. 供方市场竞争激烈
   C. 交易计价方式独特　　　D. 以投标竞价方式为主
   E. 供求关系平衡

62. 下列项目中，应按招标工程量清单中列出数量或金额编写招标控制价，不得变动的有（　　）。
   A. 材料、工程暂估价　　　B. 暂列金额
   C. 计日工　　　　　　　　D. 总承包服务费
   E. 措施项目费

63. 下列属于工程实施策划的有（　　）。
   A. 工程组织策划　　　　　B. 工程构成策划
   C. 工程融资策划　　　　　D. 工程目标策划
   E. 工程定位策划

64. 下列关于工程投标有效期及投标保证金的说法，正确的有（　　）。
   A. 应以现金形式缴纳投标保证金
   B. 投标有效期从提交投标文件截止日起算
   C. 投标保证金有效期大于投标有效期
   D. 投标保证金不超过投标项目估算价的2%
   E. 投标保证金应在招标文件中载明

65. 进口设备购置费应包括（　　）。
   A. 购置人员出国费用　　　B. 引进技术费用
   C. 运至目的地的运杂费　　D. 设备调试费
   E. 进口设备增值税

66. 下列属于装配式组合结构特点的有（　　）。
   A. 更好地实现艺术表达　　B. 可使施工更便利
   C. 减少制作和施工安装的协同　D. 降低对施工管理的要求
   E. 可使结构优化

67. 工程勘察活动中，主要勘察人员包括（　　）。
   A. 试验负责人　　　　　　B. 项目负责人
   C. 记录负责人　　　　　　D. 测量负责人
   E. 勘探负责人

68. 下列工作中，总监理工程师不得委托给总监理工程师代表的有（　　）。
   A. 组织工程竣工预验收　　B. 组织审核竣工结算
   C. 组织审查和处理工程变更　D. 组织召开监理例会
   E. 签发工程开工令

69. 可再生能源技术的应用包括（　　）。
   A. 风能　　　　　　　　　B. 核能
   C. 地热能　　　　　　　　D. 生物质能
   E. 太阳能

70. 下列属于内部收益率指标优点的有（　　）。
   A. 内部收益率计算不受基准收益率等参数的影响
   B. 内部收益率计算结果是唯一的
   C. 能够直接衡量项目未回收投资的收益率
   D. 计算简单
   E. 全面考虑了项目在整个计算期的经济状况

71. 下列属于房地产开发项目投资决策阶段的主要工作的有（　　）。
   A. 取得工程规划许可　　　B. 取得用地资格
   C. 开发机会研究　　　　　D. 财务评价
   E. 市场分析

72. 价值工程研究对象选择方法有（　　）。
   A. 百分比法　　　　　　　B. 强制确定法
   C. 倍比法　　　　　　　　D. ABC 分析法
   E. 价值指数法

73. 工程勘察设计投标文件中，属于勘察纲要内容的有（　　）。
   A. 勘察质量、进度、保密等保证措施
   B. 勘察工作重点、难点分析
   C. 工程勘察进度
   D. 勘察安全保证措施
   E. 勘察工作目标

全国经济专业技术资格考试

2020年《建筑与房地产经济专业知识与实务》(中级)机考真题汇编

（考试时间 90 分钟　满分 140 分）

一、单项选择题（共 60 题，每题 1 分。每题的备选项中，只有 1 个最符合题意）

1. 下列情形中，属于邀请招标的有（　　）。
   A. 采购人依法能够自行建设、生产或者提供
   B. 受自然环境限制，只有少量潜在投标人可供选择
   C. 投资人依法能够自行建设、生产或提供
   D. 需要向原中标人采购工程、货物等，否则影响功能配套要求

2. 装配式建筑评价等级为 A 级，则装配率为（　　）。
   A. 86%～95%　　　　　　B. 95% 以上
   C. 60%～75%　　　　　　D. 76%～85%

3. 监理人在收到工程设计文件后编制监理规划，并在第一次工地会议（　　）天前报委托人。
   A. 3　　　　　　　　　　B. 10
   C. 14　　　　　　　　　D. 7

4. 工程网络图分为单代号网络图和双代号网络图，是按照（　　）依据划分。
   A. 计划目标　　　　　　B. 表达形式
   C. 工作搭接　　　　　　D. 工作性质

5. 装配式钢结构住宅中，三板技术是指（　　）。
   A. 主体工程、屋面体系、装修工程
   B. 楼面体系、屋面体系、墙体体系
   C. 墙体体系、屋面体系、装修工程
   D. 基础工程、主体工程、屋面体系

6. 一进口设备的到岸价格为 20 万美元，关税税率为 15%，增值税税率为 13%。美元兑人民币为 1:7.1，该进口设备原价为（　　）万元。
   A. 160.46　　　　　　　B. 163.3
   C. 142　　　　　　　　D. 184.53

7. 进口设备重量为 1 000 吨，离岸价格 FOB 为 200 万美元，海运费为 400 美元/吨，海运保险费率为 2‰，美元兑换人民币为 1:7.1，该设备的海运保险费为（　　）万元。
   A. 5.66　　　　　　　　B. 2.85
   C. 4.29　　　　　　　　D. 3.41

8. 下列关于容积率概念的说法，正确的是（　　）。
   A. 项目规划建设用地范围内总建筑面积与规划建设用地面积的比例
   B. 各类建筑基底面积之和占该块用地面积的比例
   C. 各类绿地面积总和占建设用地面积的比率
   D. 单位建设用地容纳的居住人口数

9. 设计施工总承包合同文件包括：①承包人建议；②专用合同条款；③价格清单。正确的解释顺序是（　　）。
   A. ①③②　　　　　　　B. ②③①
   C. ③②①　　　　　　　D. ①②③

10. 履约保函的担保期限（　　）。
    A. 自发包人与承包人签订合同之日起，至签发工程移交证书之日止
    B. 自发包人与承包人签订合同之日起，至工程竣工验收合格之日止
    C. 自提交履约保函之日起，至签发工程移交证书之日止
    D. 自提交履约保函之日起，至工程竣工验收合格之日止

11. 下列关于装配整体式剪力墙结构特点的说法，正确的是（　　）。
    A. 空间布置灵活，造价低，适用范围广
    B. 水平荷载下的结构位移大
    C. 适用高度较大，抗震性能良好
    D. 建筑自重较小

12. 对已发出的资格预审文件或招标文件进行必要的澄清或者修改需在投标截止时间至少（　　）日前以书面形式通知所有潜在投标人。
    A. 20　　　B. 10　　　C. 5　　　D. 15

13. 建筑工程保险费率中采用单独年费率的是（　　）。
    A. 施工用机械、工具及设备　　　B. 保证期
    C. 场地清理费　　　　　　　　　D. 第三者责任险

14. BIM 项目各参与方通过基本模型获取所需信息来完成专业模型，再将各自成果通过（　　）格式交换反馈到信息模型中供下一阶段使用和参考。
    A. IFC　　　　　　　　B. PDF
    C. JPG　　　　　　　　D. IDC

15. 采用一般计税方式计算增值税，正确的是（　　）。
    A. 增值税=（人工费+材料费+机器设备使用费）×9%
    B. 增值税=（人工费+材料费+机器设备使用费+企业管理费）×9%
    C. 增值税=税前工程造价×3%
    D. 增值税=税前工程造价×9%

16. 建设单位造价易控制，适合采用（　　）方式。
    A. 总价合同　　　　　　B. 单价合同
    C. 成本加酬金合同　　　D. 可调价格合同

17. 下列属于监理人工作的是（　　）。
    A. 编写工程质量评估报告　　　B. 施工测量放线
    C. 编制施工进度计划　　　　　D. 组织竣工验收

18. 下列关于房地产市场需求构成的说法，正确的是（　　）。
   A. 特定时期、一定价格水平上，愿意购买的房地产商品量
   B. 特定时期、一定价格水平上，能够购买的房地产商品量
   C. 特定时期、一定价格水平上，愿意购买且能够购买的房地产商品量
   D. 特定时期、一定价格水平上，愿意购买或能够购买的房地产商品量

19. 下列关于工程招标控制价的说法，正确的是（　　）。
   A. 招标控制价是对招标工程限定的最高工程造价
   B. 招标控制价应在招标时公布，可以上调或下浮
   C. 在开标前，招标控制价必须保密
   D. 投标人的投标报价可高于招标控制价，但不应超过规定的比例

20. 英国NEC合同文本中，带有工程量清单的标价合同是（　　）。
   A. 选项A B. 选项B
   C. 选项C D. 选项D

21. 下列属于装配化装修技术特征的是（　　）。
   A. 管线与结构结合 B. 湿式工法装修
   C. 部品集成定制 D. 节能低碳环保效益显著

22. 下列属于地源热泵的原理特点的是（　　）。
   A. 利用地下浅层地热资源既能制热又能制冷
   B. 利用地下深层地热资源只能制热
   C. 利用地下浅层地热资源只能制热
   D. 利用地下深层地热资源既能制热又能制冷

23. 下列属于外墙外保温的特点是（　　）。
   A. 不便于二次装修和吊挂饰物 B. 容易引起热桥
   C. 出现裂缝维修比较困难 D. 取材容易，施工方便

24. 工程项目构思策划的首要任务是（　　）。
   A. 工程项目系统构成 B. 工程项目目标系统
   C. 工程项目定义和定位 D. 工程项目重要环节策划

25. 某项目期初投资1 000万元，年利率为6%，预计8年后全部回收，则每年的净收益应为（　　）万元。
   A. 161.04 B. 159.38
   C. 157.06 D. 145.29

26. 王某因买房向银行贷款50万元，按复利计算，年利率为6%，在10年后一次还清，则还款额为（　　）万元。
   A. 83.76 B. 85.43
   C. 89.54 D. 91.27

27. 某设备估计尚可使用5年，为此准备5年后进行设备更新，所需资金估计为30万元，若存款利率为5%，从现在开始每期末均等存款，则应存款（　　）万元。已知：$(A/F, 5\%, 5) = 0.180\ 97$。
   A. 6.426 B. 5.429
   C. 4.846 D. 5.868

28. 某项目预计建成投产后的年固定成本为46万元，每件产品估计售价为56元，单位产品变动成本为25元，销售税率为10%。则该项目盈亏平衡点的产量为（　　）件。
   A. 14 839 B. 18 110
   C. 18 400 D. 22 050

29. 某工程网络计划中，工作D有三项紧前工作，其最早开始时间分别是第25周、第21周和第19周，三项工作的持续时间分别是3周、8周和7周，则工作D的最早开始时间是第（　　）周。
   A. 26 B. 28
   C. 29 D. 31

30. 某建设项目的年设计生产能力为5 000台，单台产品销售价格为400元，年固定成本为660 000元，单台产品可变成本为180元，单台产品税金为20元。则其生产负荷率为（　　）。
   A. 3 300台 B. 33%
   C. 6 600台 D. 66%

31. 相同专业的施工企业组成联合体参加投标，在联合体各方均具备承担本招标工程资质的前提下，应按照资质等级（　　）的施工企业确定联合体的资质等级。
   A. 较低 B. 较高
   C. 平均 D. 最高

32. 某工程单代号网络计划中，工作G的最早开始时间为第18天，持续时间为5天，工作G有三项紧后工作，其最早开始时间分别为第28、30和32天，则工作G的自由时差是（　　）天。
   A. 5 B. 7 C. 9 D. 10

33. 按照概算法分类，建设投资中的土地使用费应列入（　　）。
   A. 工程建设其他费用 B. 建筑安装工程费用
   C. 固定资产费用 D. 其他资产费用

34. 某拟建项目预计产品年产量为30万吨，每吨单价为400元。资料显示该类项目资金周转率为1.5，则该项目总投资额大约是（　　）万元。
   A. 8 000 B. 10 000
   C. 12 000 D. 18 000

35. 对于大型建设项目而言，项目总投资中流动资金的估算宜采用（　　）。
   A. 分项详细估算法 B. 设备费用百分比法
   C. 生产能力指数法 D. 扩大指标法

36. 某工程的双代号网络计划中，工作G的最早开始时间是第21天，其持续时间为6天、总时差为4天，则工作G的最迟完成时间是第（　　）天。
   A. 25 B. 27
   C. 29 D. 31

37. 在检查某工程网络计划实际执行情况时，发现工作K的实际进度比计划进度滞后5周，工作K的总时差和自由时差分别为3周和1周，则工作K（　　）。
   A. 将使其紧后工作的最早开始时间推迟4周
   B. 将使其紧后工作的最早开始时间推迟5周

全国经济专业技术资格考试
《建筑与房地产经济专业知识与实务》（中级）
押题模拟试卷（一）

（考试时间90分钟 满分140分）

一、单项选择题（共60题，每题1分。每题的备选项中，只有1个最符合题意）

1. 建筑市场的风险很大。下列不属于从建筑产品需求者角度来看的风险是（ ）。
   A. 价格与质量的矛盾   B. 预付款风险
   C. 价格与交货时间的矛盾   D. 定价风险

2. 下列不属于影响房地产交易价格的区域经济因素的是（ ）。
   A. 城市化程度   B. 居民收入水平
   C. 金融状况   D. 就业情况

3. 为了选择具体的投资项目，需要进行房地产开发项目决策，房地产开发项目决策不包括（ ）。
   A. 前期准备   B. 项目决策   C. 市场分析   D. 财务评价

4. 某房地产开发企业向银行贷款5 000万元，年利率为8%，贷款期限为4年，按年计息，到期一次偿还。4年后该房地产开发企业向银行偿还的本利和为（ ）万元。
   A. 5 400   B. 6 802   C. 6 600   D. 6 202

5. 某投资者以500万元购买了一商铺用于出租经营，未来20年的年净租金收入为60万元，投资者的目标收益率为10%。该投资项目的财务净现值为（ ）万元。
   A. 5.00   B. 10.81   C. 12.00   D. 54.55

6. 甲、乙、丙三个计算期相同的互斥方案，若有 $\Delta IRR_{(乙-甲)} > i_c$，$\Delta IRR_{(丙-乙)} < i_c$，$\Delta IRR_{(丙-甲)} > i_c$，则各方案从优到劣的排列顺序是（ ）。
   A. 甲、乙、丙   B. 乙、丙、甲
   C. 丙、乙、甲   D. 乙、甲、丙

7. 房地产开发公司拟开发建设一住宅小区，已知该项目的固定成本为3 000万元，住宅平均售价为4 000元/平方米，单位产品的可变成本为2 500元/平方米。该公司在完成小区建设后，预计可获利300万元。该公司需开发的保本开发面积为（ ）平方米。
   A. 14 500   B. 16 700   C. 20 000   D. 22 000

8. 两个互斥型方案的效益基本相同，但计算期不同。对该两个方案进行比选时，应选用的比选方法是（ ）。
   A. 净年值法   B. 费用年值法
   C. 年值折现法   D. 差额内部收益率法

9. 某房地产开发项目，设计单位提出甲、乙、丙、丁四种方案，各种方案的功能系数与成本系数如下表所示，应用价值工程选择的最优方案是（ ）方案。

方案	功能系数	成本系数
甲	0.3	0.4
乙	0.5	0.5
丙	0.2	0.3
丁	0.4	0.6

   A. 甲   B. 乙   C. 丙   D. 丁

10. 下列不属于项目定位过程中绿化与景观规划的主要内容的是（ ）。
    A. 项目园林风格的确定   B. 项目绿化景观布局
    C. 项目道路网络规划   D. 项目景观节点设计

11. 下列不属于居住项目核心产品定位内容的是（ ）。
    A. 功能组合策划   B. 户型设计策划
    C. 配套设施策划   D. 小区规划策划

12. 房地产市场细分的依据是（ ）。
    A. 消费需求的特征或变量   B. 产品品种
    C. 国家消费政策   D. 产品规格

13. 下列因素中，不会影响工程项目经营成本的是（ ）。
    A. 工资   B. 福利费   C. 修理费   D. 折旧费

14. 某工程建设期为2年，第1年从银行贷款1 000万元，贷款年利率8%，第2年无贷款，则建设期利息为（ ）万元。
    A. 40.0   B. 80.0   C. 83.2   D. 123.2

15. 关于运用生产能力指数法进行建设投资估算的说法，正确的是（ ）。
    A. 建设投资需要根据已建成的同类项目或装置中各项费用所占百分比进行估算
    B. 生产能力指数n大于等于1
    C. 生产能力指数法是准确度最高的投资估算方法
    D. 若拟建项目或装置与类似项目或装置的生产规模比值在0.5~2，则其生产能力指数n的取值近似为1

16. 关于合同计价方式选择的说法，错误的是（ ）。
    A. 合同工期短、技术难度低、建设规模小且施工图设计已审查完备的建设工程可以采用总价合同
    B. 实行工程量清单计价的工程应当采用单价合同
    C. 施工技术特别复杂的建设工程可以采用成本加酬金合同
    D. 成本加酬金合同的承包人需要承担价格变化带来的风险

17. 某工程1月份已完成工程量金额为6 000万元，合同中约定采用价格指数调整法进行合同价款调整。已知定值权重为0.25，可调因子有3项，权重分别为0.15、0.35和0.25。1月份价格指数比基准日期分别增长了15%、20%和25%，则1月份工程价款调整金额是（ ）万元。
    A. 662   B. 750   C. 930   D. 1 000

18. 经营性项目的财政资金所占比例不超过（　　）的，项目竣工财务决算可以不报财政部门或者项目主管部门审批复核。
   A. 30%　　　　B. 40%　　　　C. 50%　　　　D. 60%

19. 在网络计划中，某工作的最迟完成时间等于其所有紧后工作（　　）。
   A. 最早完成时间的最小值　　　B. 最迟完成时间的最大值
   C. 最早完成时间的最大值　　　D. 最迟开始时间的最小值

20. 某工程双代号网络计划中，工作Z的持续时间为6天，最早完成时间是第12天，工作Z的总时差为7天，则工作Z的最迟开始时间是第（　　）天。
   A. 7　　　　B. 10　　　　C. 13　　　　D. 18

21. 某工程单代号网络计划中，工作B的最早开始时间为第6天，持续时间为5天，工作B有三项紧后工作，其最早开始时间分别为第14天、16天、17天，则工作B的自由时差是（　　）天。
   A. 3　　　　B. 5　　　　C. 6　　　　D. 8

22. 在某工程网络计划的执行过程中，工作D的实际进度比计划进度滞后，滞后的时间大于其自由时差、小于其总时差，则关于工作D实际进度的说法，正确的是（　　）。
   A. 工作D不会影响自身的最早完工时间
   B. 工作D不会影响其紧后工作的最早开始时间
   C. 工作D不会影响该工程的总工期
   D. 工作D不会影响其后续工作的最早完成时间

23. 房地产开发项目工程招标中，提交投标文件的投标人少于（　　）个的，招标人应依法重新招标。
   A. 2　　　　B. 3　　　　C. 4　　　　D. 5

24. 评标委员会完成评标后，向招标人推荐的合格中标候选人应当不超过（　　）个。
   A. 2　　　　B. 3　　　　C. 4　　　　D. 5

25. 关于编制和发售招标文件的说法，错误的是（　　）。
   A. 招标人对招标文件的澄清的发出时间距规定的投标截止时间不足15日，且澄清内容可能影响投标文件编制的，应相应延长投标截止时间
   B. 投标人对招标文件有异议的，应当在投标截止时间15日前以书面形式提出
   C. 招标人在收到投标人异议之日起3日内作出答复
   D. 修改招标文件的时间距规定的投标截止时间不足15日，且修改内容可能影响投标文件编制的，应相应延长投标截止时间

26. 下列不属于公开招标的优点的是（　　）。
   A. 投标竞争激烈，择优率高　　　B. 获得有竞争性的商业报价
   C. 较大程度上避免贿标行为　　　D. 招标程序简单，招标费用较低

27. 关于施工投标报价的说法，正确的是（　　）。
   A. 施工条件好的工程报价可以高一些
   B. 特殊工程的报价可以低一些
   C. 常用的报价技巧包括不平衡报价法、多方案报价法、保本报价法和突然降价法等
   D. 有可能在中标后将大部分工程分包给索价较低的分包商，这种情形适用多方案报价法

28. 关于投标偏差的说法，错误的是（　　）。
   A. 投标偏差分为重大偏差和细微偏差
   B. 明显不符合技术规格的要求属于重大偏差
   C. 细微偏差对投标文件的影响性较小
   D. 评标委员会应当书面要求存在细微偏差的投标单位在评标结束前予以补正

29. 依法必须进行招标的项目，招标人应当自收到评标报告起（　　）日内公示中标候选人，公示期不得少于（　　）日。
   A. 3；3　　　　B. 3；5　　　　C. 5；3　　　　D. 5；5

30. 相同专业的施工企业组成联合体参加投标，在联合体各方均具备承担本招标工程资质的前提下，应按照资质等级（　　）的施工企业确定联合体的资质等级。
   A. 较低　　　　B. 较高　　　　C. 平均　　　　D. 最高

31. 下列关于工程勘察合同文件的解释顺序，正确的是（　　）。
   A. 投标函及投标函附录—中标通知书—通用合同条款
   B. 发包人要求—中标通知书—勘察费用清单
   C. 中标通知书—专用合同条款—发包人要求
   D. 勘察纲要—发包人要求—专用合同条款

32. 发包人应在收到中期支付或费用结算申请后的（　　）天内，将应付款项支付给勘察人。
   A. 28　　　　B. 14　　　　C. 7　　　　D. 3

33. 下列关于工程施工阶段合同变更管理的说法，错误的是（　　）。
   A. 取消合同中任何一项工作，被取消的工作可以转由发包人或其他人实施
   B. 监理人与发包人协商是否采纳承包人提出的建议
   C. 变更工作如果影响工期，承包人应提出调整工期的细节
   D. 监理人收到承包人变更报价书后的14天内，根据合同约定的估价原则，商定或确定变更价格

34. 下列关于发包人在工程设计合同履行中主要义务的表述，错误的是（　　）。
   A. 发包人逾期未对设计人书面提出的事项作出书面答复的，视为已获得发包人批准
   B. 除专用合同条款另有约定外，发包人应在合同签订后28天内，将发包人代表的姓名、职务、联系方式等书面通知设计人
   C. 发包人应在收到定金或预付款支付申请后28天内，将定金或预付款支付给设计人
   D. 发包人接收设计文件后，可以自行或者组织专家会进行审查

35. 进度付款申请单的内容不包括（　　）。
   A. 截至本次付款周期末已实施工程的价款
   B. 变更金额
   C. 上一次扣减的质量保证金
   D. 索赔金额

36. 发包人在收到承包人竣工验收申请报告（　　）天后未进行验收，视为验收合格。
    A. 7   B. 14   C. 28   D. 56

37. 缺陷责任期一般为（　　）年，最长不超过（　　）年，具体可由发承包双方在合同中约定。
    A. 1；2   B. 1；3   C. 2；3   D. 2；4

38. 《建设工程质量保证金管理办法》（建质〔2017〕138号）规定，发包人应按照合同约定方式预留工程质量保证金，保证金总预留比例不得高于工程价款结算总额的（　　）。
    A. 3%   B. 5%   C. 7%   D. 9%

39. 下列关于工程施工合同纠纷审理的说法，错误的是（　　）。
    A. 当事人对垫资利息没有约定，承包人请求支付利息的，不予支持
    B. 当事人对欠付工程价款利息计付标准有约定的，按照约定处理
    C. 当事人对工程量有争议，按照施工过程中形成的签证等书面文件确认
    D. 当事人约定按照固定价结算工程价款，一方当事人请求对建设工程造价进行鉴定的，人民法院予以准许

40. 工程监理单位转让工程监理业务的，责令改正，没收违法所得，处合同约定的监理酬金（　　）的罚款。
    A. 20%以上30%以下   B. 25%以上50%以下
    C. 30%以上50%以下   D. 30%以上60%以下

41. 《建设工程安全生产管理条例》规定，工程监理单位未对施工组织设计中的安全技术措施或者专项施工方案进行审查的，责令限期改正；逾期未改正的，责令停业整顿，并处（　　）的罚款。
    A. 3万元以上5万元以下   B. 5万元以上10万元以下
    C. 10万元以上20万元以下   D. 10万元以上30万元以下

42. 《建设工程质量管理条例》规定，监理工程师因过错造成质量事故的，责令停止执业（　　）。
    A. 3个月   B. 6个月
    C. 1年   D. 2年

43. 下列不属于总监理工程师应该履行的职责是（　　）。
    A. 组织召开监理例会
    B. 检查工序施工结果
    C. 确定项目监理机构人员及其岗位职责
    D. 参与或配合工程质量安全事故的调查和处理

44. 下列关于工程监理工作内容的说法，错误的是（　　）。
    A. 任何工程都有质量、造价、进度三大目标
    B. 建设单位要求暂停施工且工程需要暂停施工的总监理工程师应及时签发工程暂停令
    C. 工程索赔包括费用索赔和工程延期申请
    D. 项目监理机构可以采取会议、交谈、书面方式进行组织协调，其中交谈需要面对面交谈，电话的方式是不可取的

45. （　　）是指项目监理机构在施工单位自检的同时，按照有关规定、工程监理合同约定对同一检验项目进行的检测试验活动。
    A. 巡视   B. 平行检验
    C. 旁站   D. 见证取样

46. 按风险发生的原因分类，工程风险不包括（　　）。
    A. 自然风险   B. 投机风险
    C. 社会风险   D. 金融风险

47. 按（　　）分类，工程风险可以分为纯粹风险和投机风险。
    A. 风险作用的强度   B. 风险造成的后果
    C. 风险是否可管理   D. 工程项目参与方

48. 下列不属于工程风险识别常用方法的是（　　）。
    A. 核对表法   B. 理论概率分布法
    C. 以往类似工程所积累的经验   D. 头脑风暴法

49. （　　）是指利用已有数据进行分析与主观分析判断相结合的一种工程风险发生概率估计方法。
    A. 历史资料确定法   B. 理论概率分布法
    C. 主观概率法   D. 综合推断法

50. 建筑工程一切险的保险期限延长期间的保费按原费率以（　　）计收，也可根据当地情况或风险大小加收适当百分比。
    A. 小时   B. 日   C. 周   D. 季

51. 按其标的不同，工程设计责任险划分的类型不包括（　　）。
    A. 年度责任险   B. 特殊项目险
    C. 项目责任险   D. 多个项目险

52. 与传统的建筑安装工程一切险相比，工程质量保证保险有很多不同之处，不包括（　　）。
    A. 保险人不同   B. 保险单出具方式不同
    C. 保险金额不同   D. 风险控制措施不同

53. 下列关于BIM技术的说法，错误的是（　　）。
    A. BIM内含的信息覆盖范围包括了整个项目建设周期
    B. BIM的主要技术是参数化建模技术
    C. BIM的操作对象是点、线、面等几何对象
    D. BIM的核心是信息的交换和共享

54. 智能建筑概念源于（　　）。
    A. 英国   B. 法国   C. 德国   D. 美国

55. 下列不属于BIM技术在施工图设计阶段的应用是（　　）。
    A. 辅助模型信息深化   B. 专业模型深化
    C. 专项设计   D. 建筑设计

56. 新一代智能制造系统最本质的特征是其信息系统增加了（　　）功能。
    A. 认知和学习   B. 模仿
    C. 三维模拟   D. 3D打印

57. 绿色建筑的"绿色"应该贯穿于建筑物的（　　）过程。
   A. 原料开采　　　　　　　　B. 重新建设
   C. 全寿命周期　　　　　　　D. 拆除

58. 下列不属于建筑节水措施的是（　　）。
   A. 采用地源热泵技术　　　　B. 大力推广使用节水型用水器具
   C. 推广使用优质给水管材、水表　　D. 建立雨水回用系统

59. 正常使用的照明系统按其灯具的布置方式的分类不包括（　　）。
   A. 分区一般照明　　　　　　B. 一般照明
   C. 特殊照明　　　　　　　　D. 混合照明

60. 一星级、二星级、三星级三个等级的绿色建筑均应满足《绿色建筑评价标准》全部控制项的要求，且每类指标的评分项得分不应小于其评分项满分值的（　　）。
   A. 10%　　　　　　　　　　B. 20%
   C. 30%　　　　　　　　　　D. 40%

二、**多项选择题**（共20题，每题2分。每题的备选项中，有2个或2个以上符合题意，至少有1个错项。错选，本题不得分；少选，所选的每个选项得0.5分）

61. 下列属于建筑市场运行特点的有（　　）。
   A. 交易持续时间长　　　　　B. 以投标竞争为主
   C. 市场风险大　　　　　　　D. 计价方式独特
   E. 市场供求相对均衡

62. 房地产开发可分为投资决策、前期准备和开发建设三个阶段。下列属于开发建设阶段的任务有（　　）。
   A. 市场分析　　　　　　　　B. 委托场地勘察
   C. 质量控制　　　　　　　　D. 商品房预售
   E. 竣工验收

63. 投资项目盈利能力分析的动态指标包括（　　）。
   A. 净现值　　　　　　　　　B. 总投资收益率
   C. 资本金净利润率　　　　　D. 净年值
   E. 净现值率

64. 寿命期不同的互斥方案的比选可采用（　　）。
   A. 最小公倍数法　　　　　　B. 净现值法
   C. 净年值法　　　　　　　　D. 增量净现值法
   E. 研究期法

65. 房地产产品可以看成是由（　　）三个层次所组成的复合体。
   A. 核心产品　　　　　　　　B. 有形产品
   C. 附加产品　　　　　　　　D. 无形产品
   E. 高档产品

66. 房地产开发项目主题创意应注意的问题包括（　　）。
   A. 主题创意应充分考虑市场竞争因素
   B. 主题创意易于展示和传播
   C. 主题创意与项目内在品质相符合
   D. 主题创意与周边资源条件相协调
   E. 主题创意与客户群的需求特征相吻合

67. 下列属于建筑单位工程概算编制方法的有（　　）。
   A. 概算定额法　　　　　　　B. 概算指标法
   C. 单价法　　　　　　　　　D. 实物量法
   E. 类似工程预决算法

68. 某工程双代号网络计划如下图所示，其关键线路有（　　）。

   A. ①—②—④—⑥—⑧—⑨
   B. ①—②—⑤—⑥—⑧—⑨
   C. ①—②—⑦—⑧—⑨
   D. ①—②—④—⑥—⑦—⑧—⑨
   E. ①—②—⑤—⑥—⑦—⑧—⑨

69. 下列行为中，属于招标人排斥潜在投标人或投标人的有（　　）。
   A. 招标人要求投标人具有履行合同的能力
   B. 招标人要求投标人具有独立订立合同的能力
   C. 招标人为保证施工质量，要求投标人与指定的材料供应商合作
   D. 招标人要求投标人在最近3年内没有重大工程质量问题
   E. 向潜在投标人或投标人提供有差别的项目信息

70. 下列属于招标人与投标人串通投标的情形有（　　）。
   A. 招标人组织投标人踏勘现场
   B. 招标人向投标人进行图纸交底和解释
   C. 招标人向投标人发售招标文件
   D. 招标人向投标人公开标底
   E. 招标人暗示投标人压低投标报价

71. 全装配式混凝土结构是指预制混凝土构件"干式工法连接"，关于该结构的说法，正确的有（　　）。
   A. 构造制作简单　　　　　　B. 安装不便利
   C. 工期短　　　　　　　　　D. 成本低
   E. 不适用于高层建筑

72. 工程监理性质可概括为（　　）。
   A. 服务性　　　　　　　　　B. 独立性
   C. 科学性　　　　　　　　　D. 公平性
   E. 公开性

73. 下列属于监理员应履行的职责有（　　）。
   A. 进行见证取样
   B. 复核工程计量有关数据
   C. 发现施工作业中的问题，及时指出并向专业监理工程师报告
   D. 组织召开监理例会
   E. 审批监理实施细则

74. 下列属于意外伤害险保险责任的必要构成条件的有（　　）。
   A. 被保险人在保险期限内死亡或残疾
   B. 被保险人在保险期限内遭受意外伤害
   C. 被保险人在责任期限内死亡或残疾
   D. 被保险人所受意外伤害是其死亡或残疾的原因之一
   E. 被保险人所受意外伤害是其死亡或残疾的直接原因或近因

75. BIM 技术未来的发展趋势有（　　）。
   A. BIM 模型自动检测是否符合规范和可施工性
   B. 制造商启用 3D 产品目录
   C. 多维（nD）项目管理模式
   D. 实现预制加工工业化与全球化
   E. 完全实现自动化

76. 与传统装修相比，装配化装修具有干式工法装配、管线与结构分离、部品集成定制三个技术特征，其中管线与结构分离的好处包括（　　）。
   A. 有利于建筑主体结构长寿化
   B. 可以降低结构拆分和管线预埋的难度
   C. 降低结构建造成本
   D. 有利于翻新维护
   E. 彻底规避不必要的技术间歇

77. 下列关于装配式建筑等级划分的说法，正确的有（　　）。
   A. 装配式建筑等级应划分为 A 级、AA 级、AAA 级
   B. 装配率为 56%～75% 时，评级为 A 级装配式建筑
   C. 装配率为 60%～75% 时，评级为 A 级装配式建筑
   D. 装配率为 76%～90% 时，评级为 AA 级装配式建筑
   E. 装配率为 91% 及以上时，评级为 AAA 级装配式建筑

78. 关于装配率计算和装配式建筑等级评价规定的说法，正确的有（　　）。
   A. 单体建筑应按项目规划批准文件的建筑编号确认
   B. 建筑由主楼和裙房组成时，主楼和裙房不可以按不同的单体建筑进行计算和评价
   C. 单体建筑的层数不大于 4 层，且地上建筑面积不超过 500 平方米时，可由多个单体建筑组成建筑组团作为计算和评价单元
   D. 装配率计算和装配式建筑等级评价以单体建筑作为计算和评价单元
   E. 单体建筑的层数不大于 4 层，且地上建筑面积不超过 300 平方米时，可由多个单体建筑组成建筑组团作为计算和评价单元

79. 下列属于建筑工程一切险的责任范围的有（　　）。
   A. 火灾、爆炸等意外事故
   B. 盗窃
   C. 工人、技术人员因缺乏经验、疏忽、过失、恶意行为对于保险标的所造成的损失
   D. 战争引起的损失
   E. 罚金、延误、丧失合同及其他后果损失

80. 智慧城市顶层设计的基本原则有（　　）。
   A. 以人为本　　　　　　　　B. 融合共享
   C. 因城施策　　　　　　　　D. 绿色发展
   E. 持续发展

三、案例分析题（共 20 题，每题 2 分，由单选和多选组成。错选，本题不得分；少选，所选的每个选项得 0.5 分）

（一）

某生产性建设项目，生产某单一产品，年固定成本为 1 200 万元，每件产品的变动成本（含单位产品税金等）为 600 元，销售价格为 1 600 元，设计生产能力为年产量 16 000 件。

根据以上资料，回答下列问题：

81. 该建设项目的产量盈亏平衡点是（　　）件。
   A. 6 000　　　　　　　　　B. 9 000
   C. 10 000　　　　　　　　 D. 12 000

82. 当该建设项目的产量为 13 000 件时，利润为（　　）万元。
   A. 100　　　　　　　　　　B. 118
   C. 120　　　　　　　　　　D. 136

83. 该建设项目达到产量盈亏平衡点时的生产负荷率为（　　）。
   A. 66.7%　　　　　　　　　B. 68.5%
   C. 70.4%　　　　　　　　　D. 75.0%

84. 在进行盈亏平衡分析时，需假定一定时期内（　　）都保持一个确定的量值。
   A. 固定成本　　　　　　　　B. 单位产品的销售价格
   C. 单位产品的变动成本　　　D. 生产产品的需求量

85. 盈亏平衡分析可分为（　　）。
   A. 单因素盈亏平衡分析
   B. 多因素盈亏平衡分析
   C. 线性盈亏平衡分析
   D. 非线性盈亏平衡分析

（二）

某工程项目的进度计划如下列双代号时标网络图所示（单位：周），当工程进行到第 4 周周末和第 10 周周末时分别检查了该工程项目的实际进度，并绘制了两条实际进度前锋线，如下图所示。

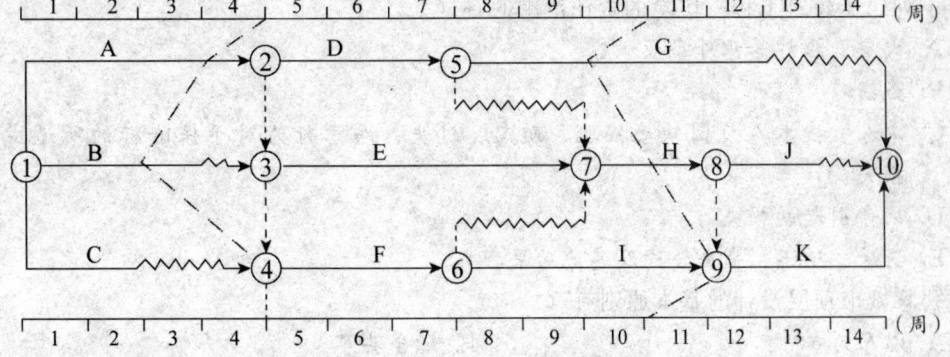

根据以上资料,回答下列问题:

86. 工作E的紧前工作有( )。
 A. 工作A　　　　　　　　B. 工作B
 C. 工作C　　　　　　　　D. 工作D

87. 该双代号时标网络计划中,工作C的自由时差是( )周。
 A. 0　　　　　　　　B. 1
 C. 2　　　　　　　　D. 3

88. 该双代号时标网络计划表明( )。
 A. 工作E有A、B、C三项紧前工作
 B. 工作G的自由时差是2周
 C. 工作H有两项紧后工作
 D. 工作F的紧后工作包括G、H、I三项

89. 该工程项目的关键线路有( )条。
 A. 1　　　　　　　　B. 2
 C. 3　　　　　　　　D. 4

90. 该工程双代号时标网络计划执行到第4周周末和第10周周末时,检查其实际进度如上图前锋线所示,检查结果表明( )。
 A. 第4周周末检查时工作B拖后1周,但不影响工期
 B. 第4周周末检查时工作A拖后1周,影响工期1周
 C. 第10周周末检查时工作I提前1周,可使工期提前1周
 D. 第10周周末检查时工作G拖后1周,但不影响工期

(三)

某建筑工程公司拟5 000万元开发经营项目,以期用该项目的收益补充公司生产任务不足时施工队伍的开支。根据预测,该项目可以有3个投资方案,有关资料如下表所示。该项目的寿命期为10年(假定10年后继续经营,则其装修费用与新建时的费用大致相同)。3个投资方案相关资料如下表所示。

投资方案	初始投资额/万元	每年的净收益/万元
A	5 000	1 224
B	3 000	970
C	2 500	700

根据以上资料,回答下列问题:

91. 该项目的3个投资方案属于( )方案。
 A. 独立　　　　　　　　B. 混合
 C. 寿命期相等的互斥　　　D. 寿命期不等的互斥

92. 进行方案选择时,可采用的方法有( )。
 A. 增量内部收益率法　　　B. 净现值法
 C. 研究期法　　　　　　　D. 净年值法

93. 当资本的利率$i=10\%$时,$(P/A, 10\%, 10)=6.144$,则方案B的净现值为( )万元。
 A. 2 380.04　　　　　　B. 2 650.68
 C. 2 786.73　　　　　　D. 2 959.68

94. 已知$(P/A, 4\%, 10)=8.111$,$(P/A, 5\%, 10)=7.722$,则使方案A和方案B优劣相同时的资本利率应为( )。
 A. 4.26%　　B. 4.31%　　C. 4.61%　　D. 4.86%

95. 当$i=10\%$时,A、B、C三个方案中的最优方案是( )。
 A. 方案A　　　　　　　　B. 方案B
 C. 方案C　　　　　　　　D. 无法确定

(四)

某公司想要在某市繁华地段开发一建筑群,工程竣工后进行了绿色建筑评价。该建筑群的控制基础分值为380分,五类评价指标的得分分别为80分、85分、90分、180分、80分,提高与创新加分项80分。

根据以上资料,回答下列问题:

96. 由于该建筑群所处地段具有优势,交易价格较高,可见房地产自身因素对房地产交易价格有一定的影响。下列属于房地产自身因素的是( )。
 A. 建筑物的外观　　　　　B. 建筑物的设备配置状况
 C. 建筑物的施工质量　　　D. 建筑物的环境污染状况

97. 绿色建筑的含义包括( )。
 A. 舒适安全的室内环境　　B. 与自然环境相和谐的外部环境
 C. 充分利用自然环境　　　D. 绿化占地面积较大

98. 该建筑群的绿色建筑评价总得分为( )分。
 A. 80.0　　B. 85.5　　C. 89.5　　D. 90.0

99. 若只考虑分值的划分标准,该建筑群的绿色建筑等级应为( )。
 A. 基本级　　B. 一星级　　C. 二星级　　D. 三星级

100. 该建筑群若要满足该等级,还应符合的条件包括( )。
 A. 卧室楼板的撞击声隔声性能达到高要求标准
 B. 节水器具用水效率等级达到3级
 C. 围护结构热工性能提高20%,建筑供暖空调负荷降低15%
 D. 室内主要空气污染物浓度降低比例为10%

全国经济专业技术资格考试
《建筑与房地产经济专业知识与实务》(中级)
押题模拟试卷(二)

(考试时间90分钟 满分140分)

一、单项选择题(共60题,每题1分。每题的备选项中,只有1个最符合题意)

1. 关于建筑产品计价特点的说法,错误的是( )。
   A. 工程造价计算是通过分部组合而成的
   B. 为适应工程造价管理要求,需要按照勘察设计、招标投标、施工安装程序进行多次计价
   C. 每项工程只能单独设计、单独施工、单独计价
   D. 建筑产品的多样性决定了每项工程都要多次计价

2. 下列不属于影响房地产交易价格的区域社会因素的是( )。
   A. 家庭状况   B. 社会治安
   C. 城市发展   D. 居民收入水平

3. 关于商品房初始登记的说法,错误的是( )。
   A. 商品房初始登记属于不动产首次登记
   B. 未办理不动产首次登记的,不得办理不动产其他类型登记
   C. 首次登记时,应当将占用范围内的建设用地使用权一并登记为业主共有
   D. 业主转让房屋所有权时,享有共有部分的权利不得转让

4. 某公司拟将正在经营的餐厅改造成网吧继续经营,预计每年将因此而节约运营成本5万元,该项目还可能经营30年。当资本利率为10%时,该项目合适的改造投资不多于( )万元。
   A. 47   B. 50   C. 75   D. 150

5. 某投资者购买了一总价为300万元的店铺用于经营,其经营资本为20万元,权益资本为150万元,经营期内年平均税前利润为50万元,年平均税后利润为35万元,该项目的资本金净利润率为( )。
   A. 15.63%   B. 16.67%
   C. 23.33%   D. 33.33%

6. 某房地产开发企业有购买三种土地进行房地产开发的机会,而每一个项目分别有几个方案,但由于资金有限,需要选择能使资金充分运用的方案,这时,企业面临的方案选择类型是( )。
   A. 互斥方案   B. 混合方案
   C. 现金流量相关方案 D. 互补方案

7. 采用差额内部收益率法进行投资方案比选时,是将差额内部收益率与基准收益率进行比较,判别标准是( )。
   A. 若差额内部收益率大于基准收益率,则投资大的方案为优
   B. 若差额内部收益率大于基准收益率,则投资小的方案为优
   C. 若差额内部收益率小于基准收益率,则投资大的方案为优
   D. 若差额内部收益率小于基准收益率,则方案间无法直接比较

8. 下列不确定性分析的类型中,不能用于国民经济效益分析的是( )。
   A. 单因素敏感性分析   B. 多因素敏感性分析
   C. 盈亏平衡分析   D. 风险分析

9. 某设计单位针对一大型项目制定了方案,经有关专家分析论证得到该方案重要性系数分别为0.1、0.2、0.3、0.4,对应的得分分别为10、9、9、8,则该方案的功能得分为( )。
   A. 8.7   B. 9
   C. 9.5   D. 10

10. ( )主要是研究房地产开发项目的市场表现形式,确定房地产开发项目由产品到商品过程的最佳表现方式,也是避免房地产开发项目同质化,彰显项目个性的重要方式。
    A. 项目主题创意   B. 项目用地规划布局
    C. 项目空间尺度安排 D. 产品设计

11. ( )的重点工作是对目标市场中的消费者总体进行需求差异分析,这个过程实际上就是对目标市场再进行细分定位。
    A. 目标客户选定   B. 房地产市场细分
    C. 目标市场选择   D. 市场研判

12. 房地产开发项目市场细分不包括( )。
    A. 人口因素细分   B. 地理因素细分
    C. 心理因素细分   D. 户型因素细分

13. 房地产开发项目前期策划中,分析"建什么"的主要任务是对项目进行客观准确的项目定位和( )。
    A. 价格定位   B. 产品定位
    C. 市场风险分析   D. 客户定位

14. 某建设项目的建设期为2年,每年的贷款额预计均为800万元,贷款年利率为6%,则应计入建设工程造价的建设期利息为( )万元。
    A. 24.00   B. 48.00
    C. 73.92   D. 97.44

15. 某企业拟建工业项目年生产能力为2 000万吨,与其同类的某已建项目年生产能力为1 000万吨,设备投资额为5 000万元。经测算,设备投资的综合调整系数为1.2,已知生产能力指数$n=0.5$,用生产能力指数法估算该拟建项目的设备投资额为( )万元。
    A. 6 600.00   B. 8 485.28
    C. 13 641.44   D. 15 514.60

16. 暂列金额是指招标人在工程量清单中暂列并包括在合同价款中的款项，在工程量清单中应列入（　　）。
    A. 措施项目清单　　　　　　　　B. 分部分项工程量清单
    C. 规费项目清单　　　　　　　　D. 其他项目清单

17. 某工程10月已完成工程量金额为60 000万元，合同中约定采用价格指数调整法进行合同价款调整。已知定值权重为0.35，可调因子有3项，权重分别为0.25、0.35和0.15。10月价格指数比基准日期分别增长了15%、20%和25%，则10月工程价款调整金额是（　　）万元。
    A. 6 620　　　　　　　　　　　　B. 7 500
    C. 9 300　　　　　　　　　　　　D. 14 700

18. 行政事业单位使用财政资金的建设项目，应在完工可投入使用或试运行合格后（　　）个月内编制竣工财务决算。
    A. 2　　　　　B. 3　　　　　C. 6　　　　　D. 12

19. 某工程双代号网络计划中，工作M的最早开始时间为第6天，其持续时间为5天，其紧后工作的最早开始时间和最迟开始时间分别为第14天和第16天，则工作M的自由时差为（　　）天。
    A. 3　　　　　B. 4　　　　　C. 5　　　　　D. 6

20. 在网络计划执行过程中，发现工作G尚需5天完成，至该工作最迟完成时间还有3天，则该事项造成的影响是（　　）。
    A. 工作G的实际进度比计划进度拖后3天
    B. 工作G的实际进度比计划进度拖后5天
    C. 将使总工期拖后2天
    D. 将使总工期拖后3天

21. 某网络计划的执行中，检查发现工作D的总时差由3天变成了-1天，则工作D（　　）。
    A. 工期拖后1天，影响工期1天
    B. 工期拖后3天，影响工期1天
    C. 工期拖后4天，影响工期1天
    D. 工期拖后4天，影响工期3天

22. 在原时标网络计划上，自上而下地从计划执行中某一检查时刻的时标点出发，用点划线依次将各项工作实际进展位置点连接而成的折线，称为（　　）。
    A. 实际进度曲划线　　　　　　　　B. 实际进度中锋线
    C. 实际进度前锋线　　　　　　　　D. 实际进度后置线

23. 下列属于招标人与投标人串通投标情形的是（　　）。
    A. 招标人组织投标人踏勘现场
    B. 招标人向投标人进行图纸交底和解释
    C. 招标人向投标人发售招标文件
    D. 招标人向投标人公开标底

24. 投标保证金不得超过招标项目估算价的（　　）。
    A. 2%　　　　　B. 3%　　　　　C. 5%　　　　　D. 10%

25. 关于评标的说法，错误的是（　　）。
    A. 若投标人有串通投标的行为，评标委员会应否决其投标
    B. 评标后，评标委员会应向招标人提交书面评标报告和中标候选人名单
    C. 投标文件中的大写金额与小写金额不一致时，以大写金额为准
    D. 总价金额与单价不一致时，以总价金额为准

26. 下列不属于邀请招标的特点的是（　　）。
    A. 承包商的选择范围广　　　　　　B. 招标程序简单
    C. 招标费用较低　　　　　　　　　D. 招标时间较短

27. 下列属于投标文件形式审查的是（　　）。
    A. 提交的投标保证金形式和金额是否符合规定
    B. 投标文件的格式是否符合要求
    C. 已标价的工程量清单计算是否有误
    D. 投标内容是否与投标人须知中的工程或标段一致

28. 下列项目中，不适合成本加酬金合同的是（　　）。
    A. 施工图已设计完成，工程量清单详细明确
    B. 只完成工程初步设计，工程量清单不够明确
    C. 要求尽快开工且工期紧，不能报出合理的价格
    D. 采用新技术、新工艺，不能报出合理的价格

29. 如果投标人认为招标投标活动不符合相关规定，可以向有关行政监督部门投诉。行政监督部门应当自收到投诉之日起（　　）个工作日内决定是否受理投诉，并自受理投诉之日起（　　）个工作日内做出书面处理决定。
    A. 3；15　　　　　　　　　　　　B. 5；15
    C. 3；30　　　　　　　　　　　　D. 5；30

30. 下列关于联合体参加投标的说法，错误的是（　　）。
    A. 联合体以一个投标人的身份共同投标
    B. 联合体各方都应具备承担招标项目的相应能力
    C. 联合体各方应当签订共同投标协议
    D. 联合体应当按照资质等级较高单位确定资质等级

31. 根据《"十三五"装配式建筑行动方案》，到2020年，重点推进地区装配式建筑占新建建筑的比例达到（　　）以上。
    A. 10%　　　　　B. 13%　　　　　C. 15%　　　　　D. 20%

32. 《建设工程监理范围和规模标准规定》（建设部令第86号）规定，下列工程中，必须实行工程监理的是（　　）。
    A. 1万平方米的住宅小区项目
    B. 总投资额为1 000万元人民币的市政工程项目
    C. 总投资额为2 000万元人民币的社会福利项目
    D. 国家重点建设工程

33. 设计人更换项目负责人应事先征得发包人同意，并应在更换（　　）天前将拟更换的项目负责人的姓名和详细资料提交发包人。
    A. 3　　　　　B. 7　　　　　C. 10　　　　　D. 14

34. 设计施工总承包合同履行过程中，（　　）组织竣工验收。
   A. 承包人　　　　　　　　B. 发包人
   C. 技术负责人　　　　　　D. 监理人

35. 在FIDIC《施工合同条件》实施过程中，争端解决方法不包括（　　）。
   A. 裁决　　　　　　　　　B. 友好协商
   C. 调解　　　　　　　　　D. 仲裁

36. 《中华人民共和国刑法》规定，工程监理单位违反国家规定，降低工程质量标准，造成重大安全事故的，对直接负责人员，处5年以下有期徒刑或者拘役，并处罚金；后果特别严重的，处（　　）有期徒刑，并处罚金。
   A. 5年以上10年以下　　　B. 5年以上8年以下
   C. 5年以上15年以下　　　D. 5年以上20年以下

37. 关于对我国现阶段建设工程监理的说法，错误的是（　　）。
   A. 工程监理的实施范围主要在施工阶段
   B. 工程监理单位受建设行政主管部门的授权，为建设单位提供服务
   C. 工程监理的基本职责是"三控两管一协调"
   D. 工程监理的行为主体是工程监理单位

38. 关于监理实施细则的说法，错误的是（　　）。
   A. 监理实施细则是指导项目监理机构具体开展专项监理工作的规划性文件
   B. 对专业性较强、危险性较大的分部分项工程，项目监理机构应编制监理实施细则
   C. 监理实施细则应在相应工程施工前，由专业监理工程师编制
   D. 在工程监理实施过程中，监理实施细则可根据情况进行补充和修改

39. 将风险划分为纯粹风险和投机风险的依据是（　　）。
   A. 风险造成的后果　　　　B. 风险发生的原因
   C. 风险是否可管理　　　　D. 工程项目参与方

40. 下列不属于工程风险评价常用的方法是（　　）。
   A. 主观评价法　　　　　　B. 蒙特卡洛法
   C. 等风险图法　　　　　　D. 头脑风暴法

41. 风险管理工作的第一步是（　　）。
   A. 风险应对　　　　　　　B. 风险识别
   C. 风险监控　　　　　　　D. 风险评价

42. 下列风险事件中，属于安装工程一切险除外责任的是（　　）。
   A. 由于火灾造成保险财产的物质损失
   B. 由于安装技术不善引起的事故
   C. 由于空中运行物体坠落造成保险财产的物质损失
   D. 由于超负荷、超电压造成电气设备本身的损失

43. 按其标的不同，工程设计责任险划分的类型不包括（　　）。
   A. 年度责任险　　　　　　B. 季度责任险
   C. 项目责任险　　　　　　D. 多个项目险

44. BIM的主要技术是（　　）。
   A. 三维技术　　　　　　　B. 参数化建模技术
   C. 模拟技术　　　　　　　D. CAD技术

45. 开展智慧城市顶层设计过程中应考虑政府、企业、居民等不同角色的意见及建议，体现的是智慧城市顶层设计的（　　）原则。
   A. 融合共享　　　　　　　B. 以人为本
   C. 多元参与　　　　　　　D. 因城施策

46. 下列不属于装配式建筑结构的是（　　）。
   A. 装配式混凝土结构建筑　B. 装配式组合结构
   C. 装配式砖结构　　　　　D. 装配式木结构建筑

47. 下列不属于装配整体式剪力墙结构基本组成构件的是（　　）。
   A. 梁　　　　B. 墙　　　　C. 板　　　　D. 柱

48. 下列不属于装配式组合的优点是（　　）。
   A. 更好地实现建筑功能
   B. 制作和施工安装需要更紧密的协同
   C. 使施工更便利
   D. 使结构优化

49. 下列关于装配式建筑应满足的要求的说法，不正确的是（　　）。
   A. 主体结构部分的评价分值不低于20分
   B. 围护墙和内隔墙部分的评价分值不低于10分
   C. 装配率不低于60%
   D. 采用全装修

50. 绿色建筑评价中，资源节约控制项要求住宅建筑的装饰性构件造价占建筑总造价的比例不应大于（　　）。
   A. 2%　　　　B. 3%　　　　C. 4%　　　　D. 5%

51. 下列属于绿色建筑运营管理中建筑节水管理内容的是（　　）。
   A. 生活垃圾分类收集
   B. 建立建筑和设备系统的维护制度
   C. 建立绿化管理制度
   D. 完善城市管网供应系统

52. 根据装配式建筑等级划分，装配率为91%及以上时，应评为（　　）级装配式建筑。
   A. A　　　　B. AA　　　　C. AAA　　　　D. AAAA

53. 工程监理工作的主要方式中，（　　）是指项目监理机构对工程的关键部位或关键工序的施工质量进行的监督活动。
   A. 平行检验　　　　　　　B. 见证取样
   C. 巡视　　　　　　　　　D. 旁站

54. 下列选项中，属于专业监理工程师职责的是（　　）。
   A. 调解建设单位与施工单位的合同争议
   B. 负责编制监理实施细则

C. 签发工程款支付证书
D. 组织审核分包单位资格

55. 《建设工程安全生产管理条例》规定,注册监理工程师未执行法律、法规和工程建设强制性标准的,责令停止执业3个月以上1年以下;情节严重的,吊销执业资格证书,( )内不予注册。
   A. 3年   B. 5年
   C. 10年   D. 终身

56. 美国建筑师学会(AIA)编制了众多的系列标准合同文本,其中B系列合同文件是关于( )之间的合同文本。
   A. 建筑师行业内部   B. 业主与建筑师
   C. 建筑师与咨询机构 D. 业主与供应商

57. 根据《建设工程质量保证金管理办法》(建质〔2017〕138号),缺陷责任期从( )之日起计算。
   A. 交付使用   B. 竣工结算完成
   C. 竣工决算完成   D. 工程通过竣工验收

58. 安装工程一切险的保险期内包括一个试车考核期,其保险责任期一般不超过( )。
   A. 2个月   B. 3个月
   C. 5个月   D. 半年

59. 下列不属于发展绿色建筑的理念是( )。
   A. 循环   B. 低成本
   C. 低碳   D. 绿色

60. 为了实现某一指定点的高照度要求,在较小范围或有限空间内,采用距离视看对象近的灯具来满足该点照明要求的照明方式称为( )。
   A. 分区一般照明   B. 一般照明
   C. 混合照明   D. 局部照明

二、多项选择题(共20题,每题2分。每题的备选项中,有2个或2个以上符合题意,至少有1个错项。错选,本题不得分;少选,所选的每个选项得0.5分)

61. 下列属于房地产市场需求的有( )。
   A. 生产性需求   B. 投资性需求
   C. 投机性需求   D. 高层住宅需求
   E. 多层住宅需求

62. 下列属于房地产市场运行特点的有( )。
   A. 周期性波动   B. 层次性
   C. 多重性   D. 风险性
   E. 完全竞争性

63. 投资项目偿债能力分析指标包括( )。
   A. 总投资收益率   B. 资本金净利润率
   C. 利息备付率   D. 偿债备付率
   E. 资产负债率

64. 寿命期相同的互斥方案的比选可以采用( )。
   A. 净现值法   B. 净年值法
   C. 增量净现值法   D. 研究期法
   E. 增量内部收益率法

65. 对于商品住宅开发项目,总体规划布局主要包括( )。
   A. 物业类型构成及布局 B. 项目出入口设置
   C. 项目空间尺度安排   D. 项目用地规划布局
   E. 道路网络规划

66. 对于住宅项目,附加产品定位的主要内容有( )。
   A. 物业服务策划   B. 小区规划策划
   C. 信贷服务策划   D. 装修服务策划
   E. 建筑设计策划

67. 下列计价方法中,属于建设投资估算方法的有( )。
   A. 实物法   B. 单价法
   C. 概算定额法   D. 生产能力指数法
   E. 资金周转率法

68. 某工程项目的进度计划如下面双代号时标网络图所示(各工作均按最早开始时间编制),该项目进度计划的关键线路有( )。

   A. ①—②—⑤—⑦—⑧   B. ①—③—⑥—⑦—⑧
   C. ①—④—⑥—⑦—⑧   D. ①—②—③—⑥—⑦—⑧
   E. ①—②—⑤—⑧

69. 下列投标情形中,评标委员会应否决其投标的有( )。
   A. 投标人的综合评分最低
   B. 投标人的所有制形式不符合要求
   C. 投标报价高于招标文件设定的最高投标限价
   D. 投标报价超过标底上下浮动范围
   E. 投标联合体没有提交共同投标协议

70. 根据施工投标报价策略,可以报价较高的情形包括( )。
   A. 施工条件差   B. 特殊工程
   C. 工期要求紧   D. 非急需工程
   E. 竞争激烈

71. 根据《中华人民共和国民法典》规定，建设工程合同管理应包括（　　）。
   A. 建设工程平行分包合同管理
   B. 建设工程勘察合同管理
   C. 建设工程施工合同管理
   D. 建设工程设计合同管理
   E. 建设工程总承包合同管理

72. 下列重要价值中，属于BIM技术应用价值的有（　　）。
   A. 为设施管理提供更好的平台
   B. 大大降低风险，无须考虑风险因素
   C. 有利于技术与管理创新
   D. 提高生产效率
   E. 提高建设设施的可持续性

73. 根据国家《绿色建筑行动方案》规定，要求全面执行绿色建筑标准的有（　　）。
   A. 省会城市的保障性住房
   B. 政府投资的博物馆
   C. 单体建筑面积为15 000平方米的车站
   D. 单体建筑面积为25 000平方米的商场
   E. 单体建筑面积为18 000平方米的写字楼

74. 与传统的建筑安装工程一切险相比，工程质量保证保险有很多不同之处，包括（　　）。
   A. 保险人不同   B. 保险单出具方式不同
   C. 保险金额不同 D. 风险控制措施不同
   E. 保险责任不同

75. 由于发包人原因导致的延误，承包人有权获得工期顺延和（或）费用加利润补偿的情况有（　　）。
   A. 发包人迟延提供材料   B. 发包人变更交货地点
   C. 恶劣气候条件   D. 未按合同约定及时支付预付款
   E. 提供图纸延误

76. 在进行建筑节能设计时，可以采用提高其节能性能的方式有（　　）。
   A. 改善窗户的保温性能   B. 选用适宜的窗型
   C. 提高窗户的隔热性能   D. 控制窗墙面积比
   E. 开窗增加空气流通

77. 按工程项目参与方分类，工程风险可以分为（　　）。
   A. 咨询单位风险   B. 纯粹风险
   C. 业主风险   D. 投资商风险
   E. 承包商风险

78. 下列属于人机共生下的全新工作模式特征的有（　　）。
   A. 局部化   B. 一体化
   C. 体外化   D. 虚拟化/物质化的数字孪生
   E. 内部化

79. 下列属于工程监理责任险的免除责任的有（　　）。
   A. 图纸资料损毁
   B. 未履行监理合同中约定的监理义务
   C. 交叉责任
   D. 不可抗力
   E. 做出错误指令导致所监理的工程发生工程质量事故

80. 一般来讲，确定建筑工程一切险的费率应考虑的因素有（　　）。
   A. 承保责任范围
   B. 同类工程以往损失记录
   C. 承包商和其他参建方的资信情况
   D. 建设工程投资额
   E. 工程本身的危险程度

三、案例分析题（共20题，每题2分，由单选和多选组成。错选，本题不得分；少选，所选的每个选项得0.5分）

（一）

某公司使用自有资金450万元投资项目，现有A、B、C三个投资方案，欲从中选择最有利的方案，各投资方案的投资额及1年后的净收益如下表所示。方案的寿命期都是1年，1年后的净残值为零。假设基准收益率为6%。

投资方案	投资额/万元	1年后的净收益/万元
A	200	260
B	300	375
C	400	483

根据以上资料，回答下列问题：

81. 该项目的三个投资方案属于（　　）方案。
   A. 独立   B. 混合
   C. 寿命期相等的互斥 D. 寿命期不等的互斥

82. 使方案A和方案B优劣相等时的$(P/A, i, 1)$值为（　　）。
   A. 0.71   B. 0.83
   C. 0.87   D. 0.91

83. 方案C的净现值为（　　）万元。
   A. 39.09   B. 55.66
   C. 78.97   D. 83.00

84. 进行方案选择时，可采用的方法有（　　）。
   A. 增量内部收益率法   B. 净现值法
   C. 研究期法   D. 净年值法

85. 该项目方案的最佳选择为（　　）。
   A. 方案A   B. B、C两方案均可
   C. 方案C   D. A、B两方案均可

(二)

某工程项目的进度计划如下列单代号网络图所示,时间单位为周。

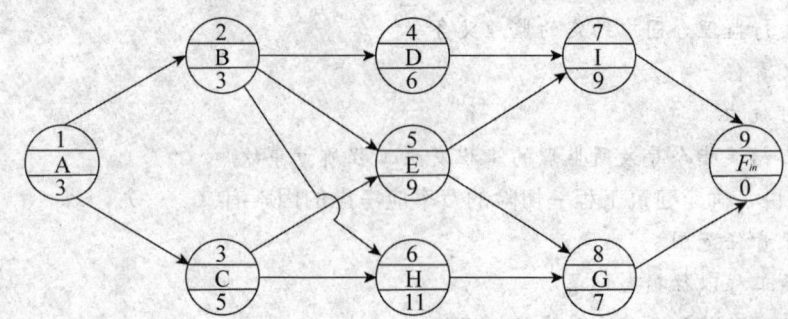

根据以上资料,回答下列问题:

86. 采用网络计划编制该项目进度计划的优点主要为( )。
 A. 比甘特横道计划更形象、直观 B. 能提高工程进度计划编制效率
 C. 能通过参数计算找出关键工作 D. 便于对进度计划进行动态控制

87. 如果在项目实施过程中各项工作进度正常,则该工程项目可以在( )周内完成。
 A. 20 B. 23
 C. 26 D. 28

88. 该单代号网络计划中的关键工作为( )。
 A. 工作A、C B. 工作B、D
 C. 工作E、I D. 工作H、G

89. 工程项目进度计划的执行检查中发现,工作D的实际进度拖后了3周,则工作D( )。
 A. 将使工期拖后3周
 B. 将使其紧后工作最早开始时间推迟3周
 C. 不影响总工期
 D. 不影响其紧后工作的正常进行

90. 当工程网络计划的计算工期等于计划工期时,关于工作时差的说法,正确的有( )。
 A. 工作总时差为零,自由时差必定为零
 B. 工作自由时差为零,总时差必定为零
 C. 在不影响紧后工作最早开始时间的前提下,工作的机动时间为其自由时差
 D. 在不影响总工期的前提下,工作的机动时间为其自由时差

(三)

对某一建筑群进行绿色建筑评价,已知该建筑群的控制基础分值为360分,五类评价指标的得分分别为80分、85分、90分、180分、80分,提高与创新加分项75分。

根据以上资料,回答下列问题:

91. 绿色建筑的含义包括( )。
 A. 绿化占地面积较大 B. 舒适安全的室内环境
 C. 与自然环境相和谐的外部环境 D. 充分利用自然环境

92. 该建筑群的绿色建筑评价总得分为( )分。
 A. 80.0 B. 85.5 C. 95.0 D. 96.0

93. 若只考虑分值的划分标准,该建筑群的绿色建筑等级应为( )。
 A. 基本级 B. 一星级
 C. 二星级 D. 三星级

94. 该建筑群若要满足该等级,还应符合的条件包括( )。
 A. 围护结构热工性能提高20%,建筑供暖空调负荷降低15%
 B. 节水器具用水效率等级达到3级
 C. 卧室楼板的撞击声隔声性能达到高要求标准
 D. 室内主要空气污染物浓度降低比例为20%

95. 关于绿色建筑评价的说法,正确的是( )。
 A. 绿色建筑评价的评价对象只能为建筑群
 B. 一星级、二星级、三星级的绿色建筑的每类指标的得分不应小于满分值的30%
 C. 绿色建筑评价应在建筑施工图设计完成后进行
 D. 申请评价方应确保提交资料的真实和完整

(四)

某房地产开发企业决定对其正在建设的高档住宅小区实行预售。为取得商品房预售许可证,该房地产开发企业决定以邀请招标的方式选聘物业服务企业负责该小区的前期物业管理。随后,按规定的招标程序进行了该小区前期物业管理的邀请招标,成立了由7人组成的评标委员会。评标委员会根据招标文件的规定进行了评标,并推荐了合格的中标候选人。

根据以上资料,回答下列问题:

96. 该房地产开发企业至少应向( )家以上物业服务企业发出投标邀请。
 A. 2 B. 3 C. 4 D. 5

97. 评标委员会中,代表房地产开发企业参加的评委可以为( )人。
 A. 1 B. 2 C. 3 D. 4

98. 评标委员会可以向招标人推荐不超过( )名有排序的合格的中标候选人。
 A. 1 B. 2 C. 3 D. 4

99. 下列关于中标的说法,正确的是( )。
 A. 招标人应当自收到评标报告之日起3日内公示中标候选人
 B. 招标人对中标候选人的公示期不得少于5日
 C. 投标人对评标结果有异议的,应当在公示期间提出
 D. 招标人应当在收到投标人对评标结果的异议之日起5日内作出答复

100. 下列属于评标委员会应否决投标人投标的情形是( )。
 A. 投标报价低于招标文件设定的最高投标限价
 B. 投标报价超过标底上下浮动范围
 C. 投标文件没有对招标文件的实质性要求和条件作出响应
 D. 投标文件中用数字表示的数额与用文字表示的数额不一致

全国经济专业技术资格考试
《建筑与房地产经济专业知识与实务》(中级)
押题模拟试卷(三)

扫码兑换备考课程

(考试时间90分钟 满分140分)

一、单项选择题(共60题,每题1分。每题的备选项中,只有1个最符合题意)

1. 工艺商业、娱乐等经营性用地以外用途的土地,其供地计划公布后,同一宗地只有一个意向用地者的,出让方式可以选择( )。
   A. 招标   B. 拍卖
   C. 挂牌出让   D. 协议出让

2. 下列不属于申请商品房首次登记所需材料的是( )。
   A. 房屋已竣工的材料   B. 相关税费缴纳凭证
   C. 已交付全部土地使用权出让金   D. 房地产调查或测绘报告

3. 修建性详细规划设计文件应根据《规划条件通知书》进行编制,设计文件包括说明书和设计图纸。下列不属于设计图纸的是( )。
   A. 用地布局   B. 区域位置图
   C. 日照分析图   D. 绿化规划图

4. 某企业以复利方式借款500万元,年利率为6%,期限为3年,则3年后的本利和为( )万元。
   A. 90.00   B. 95.51   C. 590.00   D. 595.51

5. 甲公司2019年年底的负债总额为1 000万元,资产总额为8 000万元,则甲公司2019年的资产负债率为( )。
   A. 12.5%   B. 25.0%   C. 37.5%   D. 50.0%

6. 某生产性建设项目的年设计生产能力为5 000件,每件产品的销售价格为150元,单位产品变动成本为90元,每件产品的税金为20元,年固定成本为12万元,则该项目建成后的年最大利润为( )元。
   A. 60 000   B. 80 000
   C. 100 000   D. 120 000

7. 某机器设备制造企业生产四种型号的挖掘机,各型号挖掘机的主要技术参数及相应的成本费用见下表,运用价值指数法选择价值工程的研究对象为( )。

产品型号	甲	乙	丙	丁
技术参数(百立方米/台班)	1.52	1.55	1.65	1.35
成本费用(百元/台班)	1.42	1.15	1.35	1.38

   A. 甲   B. 乙   C. 丙   D. 丁

8. 在对房地产项目进行风险分析时,针对综合风险因素等级的分析结果,应该放弃项目的风险等级是( )。
   A. K级   B. M级   C. R级   D. T级

9. 房地产开发项目前期策划的主要任务中,"能否建"解决项目的( )。
   A. 客户定位问题   B. 产品定位问题
   C. 总体运行问题   D. 可行性评价

10. 某房地产开发企业利用内部的优势,并充分利用外部的机会,基于SWOT分析,该企业可选择( )战略。
    A. SO   B. WO   C. ST   D. WT

11. 房地产开发项目前期策划报告的编制步骤中,( )是最重要的阶段。
    A. 市场定位   B. 市场调研   C. 项目分析   D. 经济评价

12. 下列费用中,在进行国民经济评价时,不计为项目的效益和费用的是( )。
    A. 税金   B. 土地使用费   C. 工程保险费   D. 引进技术费

13. 根据《建筑安装工程费用项目组成》的费用构成要素划分,施工企业按职工工资的规定比例计提的职工教育经费应列入( )。
    A. 企业管理费   B. 人工费   C. 规费   D. 建设单位管理费

14. 某拟建项目投资估算数据如下:设备购置费为3 000万元,建筑安装工程费用为2 700万元,工程建设其他费用为600万元,基本预备费率为7%,建设为3年,投资价格年上涨率为4%。投资安排为:第一年投资额为30%,第二年投资额为40%,第三年投资额为30%。则该项目的涨价预备费合计为( )万元。
    A. 297.56   B. 347.23   C. 441.00   D. 767.33

15. 某建设项目的建设期为2年,第一年的贷款额为500万元,第二年的贷款额为600万元,贷款年利率为5%,则建设期利息为( )万元。
    A. 12.5   B. 52.5   C. 65.0   D. 72.5

16. 某公司生产某种产品的年产量为12万件,每件产品的价格为10元,总投资额为150万元,则资金周转率为( )。
    A. 0.80   B. 1.00   C. 1.25   D. 1.50

17. 某承包商拟投标一项土石方工程,清单工程量为500立方米,依据工程量清单和施工方案计算出的工料机费用合计为50 000元,企业管理费按工料机费用之和(直接费)的15%计算,利润率和风险系数以直接费和企业管理费为基数按5%收取,则该土石方工程的清单项目投标综合单价为( )元/立方米。
    A. 105.00   B. 115.00   C. 120.00   D. 120.75

18. 关于合同履行期间工程量偏差的说法,正确的是( )。
    A. 合同履行期间如果出现工程量偏差,发承包双方应调整合同价款
    B. 当工程量增加15%以上时,增加部分的工程量综合单价应予调高
    C. 当工程量减少15%以上时,增加部分的工程量综合单价应予调低
    D. 调整后的综合单价只能在招标控制价的基础上进行调整

19. 行政事业单位使用财政资金的建设项目,完工可投入使用或者试运行合格后,在( )个月内编报竣工财务决算。
    A. 3   B. 4   C. 5   D. 6

20. 某工程网络计划中，工作E的总时差为5天，自由时差为4天，在检查实际进度时发现该工作的持续时间延长了6天，则工作E的实际进度对其紧后工作的最早开始时间及总工期的影响是（　　）。
   A. 使其紧后工作的最早开始时间推迟2天，并使总工期推迟1天
   B. 使其紧后工作的最早开始时间推迟2天，并使总工期推迟2天
   C. 使其紧后工作的最早开始时间推迟1天，但不影响总工期
   D. 使其紧后工作的最早开始时间推迟2天，但不影响总工期

21. 双代号网络计划中，工作N有四项紧前工作，其最早完成时间分别是第18周、第19周、第21周和第20周，则工作N的最早开始时间是第（　　）周。
   A. 18　　B. 19　　C. 20　　D. 21

22. 某单代号网络计划中，工作B与其紧后工作C和D的时间间隔分别为6周和3周，工作B和C的总时差分别为2周和6周，则工作B的总时差是（　　）周。
   A. 3　　B. 5　　C. 8　　D. 9

23. 在工程网络计划执行过程中，如果发现某工作进度拖后，则受影响的工作一定是该工作的（　　）。
   A. 平行工作　　B. 紧后工作　　C. 先行工作　　D. 紧前工作

24. 下列关于工作总时差的说法，正确的是（　　）。
   A. 总时差是在不影响总工期的前提下，本工作可以利用的最大机动时间
   B. 总时差是在不影响其后续工作最迟开始时间的前提下，本工作可以利用的最大机动时间
   C. 总时差是在不影响其后续工作最早完成时间的前提下，本工作可以利用的最大机动时间
   D. 总时差是在不影响其紧后工作最早开始时间的前提下，本工作可以利用的最大机动时间

25. 某工程双代号时标网络计划如下图所示（单位：周），当工程进行到第6周周末时，检查了该工程的实际进度并绘制了实际进度前锋线，根据第6周周末检查该工程的实际进度结果表明（　　）。

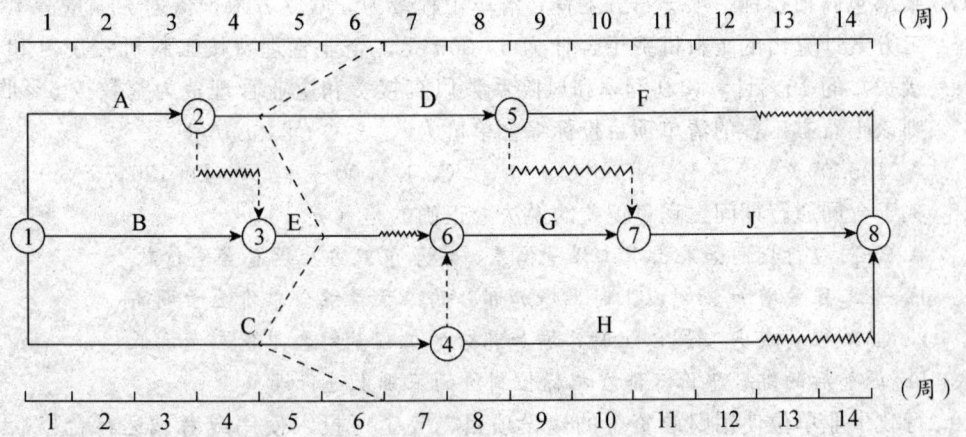

   A. 工作D的实际进度拖后2周，将使其后续工作F的最早开始时间推迟2周，但不会影响总工期
   B. 工作E的实际进度拖后1周，不会影响后续工作的正常进行，也不会影响总工期
   C. 工作C的实际进度拖后2周，将会使工作H的最早开始时间推迟2周，总工期也会推迟2周
   D. 工作C的实际进度拖后2周，将会使工作G的最早开始时间推迟2周，但不会影响总工期

26. 某房地产开发企业拟建一幢自用办公楼，预计工程造价为2 000万元，准备采用邀请招标方式选择承包商，并在招标文件中要求投标人提交投标保证金。则该项目的投标保证金最高为（　　）万元。
   A. 40　　B. 60　　C. 80　　D. 100

27. 关于评标的说法，错误的是（　　）。
   A. 招标人应向评标委员会提供评标所必需的信息，但不得明示或暗示其排斥特定投标人
   B. 超过1/2的评标委员会成员认为评标时间不够，招标人应适当延长
   C. 评标委员会成员不得私下与投标人接触，不得收受投标人给予的好处
   D. 招标文件没有规定的评标标准和方法不得作为评标的依据

28. 下列文件和资料中，不属于招标文件内容的是（　　）。
   A. 投标人须知　　B. 合同条款
   C. 投标文件格式　　D. 施工方案

29. 下列属于招标准备阶段投标人工作的是（　　）。
   A. 发布招标公告　　B. 收集招标信息
   C. 编制招标文件　　D. 编制招标控制价

30. 履约保证金不得高于中标合同金额的（　　）。
   A. 5%　　B. 10%　　C. 15%　　D. 20%

31. 下列关于发包人无正当理由拒收勘察人提交的勘察文件的说法，正确的是（　　）。
   A. 视为发包人未接收勘察文件
   B. 视为发包人已接收勘察文件
   C. 勘察人需协商发包人接收勘察文件
   D. 勘察人需重新提交勘察文件

32. 承包人应在收到变更指示或变更意向书后的（　　）天内，向监理人提交变更报价书，详细开列变更工作的价格组成及其依据，并附必要的施工方法说明和有关图纸。
   A. 7　　B. 10　　C. 14　　D. 28

33. 工程施工准备阶段，负责办理取得出入施工场地的专用和临时道路的通行权的是（　　）。
   A. 设计单位　　B. 承包单位
   C. 建立单位　　D. 发包单位

34. 工程施工合同（ECC）文本的主要选项条款中，适用于综合单价计量承包的是（　　）。
   A. 选项A　　B. 选项B
   C. 选项E　　D. 选项F

35. 工程监理单位公平地实施监理的基本前提是（　　）。
   A. 独立性   B. 公平性
   C. 科学性   D. 服务性

36. 《建设工程质量管理条例》规定，监理工程师因过错造成质量事故的，责令停止执业1年；造成重大质量事故的，吊销执业资格证书，（　　）不予注册。
   A. 3年内   B. 5年内
   C. 10年内   D. 终身

37. 由于风险集中，试车期安装工程一切险的保险费通常要占整个工期保费的（　　）左右。
   A. 1/2   B. 1/3   C. 1/4   D. 1/5

38. BIM模型的核心元素是（　　）。
   A. 模型图元   B. 视图图元
   C. 标注图元   D. 基准图元

39. 考虑城市资源环境承载力，以实现可持续发展、节能环保发展、低碳循环发展为导向，指的是智慧城市顶层设计遵循的（　　）原则。
   A. 因城施策   B. 多元参与
   C. 协同发展   D. 绿色发展

40. 住房和城乡建设部印发的《"十三五"装配式建筑行动方案》，用一系列定量指标来推动装配式建筑发展。到2020年，全国装配式建筑占新建建筑的比例达到15%以上，其中积极推进地区达到（　　）以上。
   A. 10%   B. 15%
   C. 20%   D. 25%

41. 下列属于监理员职责的是（　　）。
   A. 复核工程计量有关数据
   B. 参与审核分包单位资格
   C. 验收检验批、隐蔽工程、分项工程
   D. 收集、汇总、参与整理监理文件资料

42. 在建设工程风险管理过程中，风险识别最后一步是（　　）。
   A. 建立工程风险初始清单   B. 编制工程风险清单
   C. 进行风险归集和分类   D. 收集和整理相关信息资料

43. 在项目设计前期阶段，BIM技术可应用于场地设计。下列选项中，不属于场地设计内容的是（　　）。
   A. 场地平整   B. 边坡处理
   C. 道路布设   D. 土方开挖深度

44. 下列结构中，不属于装配式混凝土结构体系的是（　　）。
   A. 框架—现浇剪力墙结构   B. 框架结构
   C. 钢框架结构   D. 剪力墙结构

45. 下列选项中，不属于智能建筑的目标的是（　　）。
   A. 增强建筑物科技功能   B. 优化5D技术
   C. 提升智能化系统的技术   D. 绿色建筑

46. （　　）是绿色建筑的必备条件，涉及相关标准中的强制性条文规定。
   A. 优选项   B. 控制项
   C. 加分项   D. 评分项

47. 下列不属于装配式建筑等级评价时应考虑的因素是（　　）。
   A. 土方工程   B. 装修和设备管线
   C. 围护墙和内隔墙 D. 建筑主体结构

48. 发包人在收到承包人竣工验收申请报告56天后未进行验收，则确定承包人的实际竣工日期应是（　　）。
   A. 发包人组织竣工验收日   B. 承包人提交竣工验收申请报告日
   C. 验收组通过竣工验收日   D. 开始进行竣工检验日

49. 根据《建设工程监理规范》（GB/T 50319—2013）规定，下列不属于监理实施细则的内容是（　　）。
   A. 监理工作要点   B. 监理工作流程
   C. 监理工作方法及措施   D. 监理工作的范围、目标和内容

50. 下列选项中，不属于按风险发生原因分类的工程风险是（　　）。
   A. 投机风险   B. 政治风险
   C. 经济风险   D. 金融风险

51. 根据装配式建筑等级划分，装配率为76%~90%时，评价为（　　）级装配式建筑。
   A. A   B. AA
   C. AAA   D. AAAA

52. 下列关于工程保险特征的说法，错误的是（　　）。
   A. 工程保险涉及的当事人和关系方较多
   B. 工程保险针对承保风险的特殊性提供的保障具有综合性
   C. 工程保险只承保被保险人财产损失的风险
   D. 工程保险的保险金额具有变动性

53. 下列选项中，不属于BIM 5D模型的是（　　）。
   A. 建筑构件信息   B. WBS信息
   C. 进度信息   D. 质量信息

54. 下列结构中，不属于装配式组合结构的是（　　）。
   A. 装配式混凝土厂房采用钢结构屋架
   B. 钢结构建筑中采用混凝土叠合楼板
   C. 在钢管柱内现浇混凝土
   D. 装配式钢筋混凝土外筒与钢结构柱梁组合

55. 在建设工程施工合同中，工程质量保证金的预留比例上限不得高于工程价款总额的（　　）。
   A. 1%   B. 1.5%   C. 2%   D. 3%

56. 下列方法中，属于工程风险评价常用的方法是（　　）。
   A. 蒙特卡洛法   B. 目标控制法
   C. 头脑风暴法   D. 盈亏平衡分析法

57. 下列工程保险中，不属于按保障范围不同划分的是（　　）。
   A. 意外伤害保险　　　　　　　B. 安装工程一切险
   C. 强制保险　　　　　　　　　D. 十年责任险

58. 根据《建设工程质量管理条例》，可以不实行工程监理的是（　　）。
   A. 大中型公共事业工程
   B. 国家重点建设工程
   C. 利用外国政府或国际组织贷款、援助资金工程
   D. 仅一栋楼的住宅小区工程

59. 下列系统中，揭示了新一代智能制造技术机理，能够有效指导新一代智能制造理论研究和工程实践的是（　　）。
   A. 信息—物理系统　　　　　　B. 人—信息系统
   C. 人—物理系统　　　　　　　D. 人—信息—物理系统

60. 安装工程风险最大的阶段是（　　）。
   A. 使用阶段　　　　　　　　　B. 维护阶段
   C. 试车、考核和保证阶段　　　D. 施工阶段

二、多项选择题（共20题，每题2分。每题的备选项中，有2个或2个以上符合题意，至少有1个错项。错选，本题不得分；少选，所选的每个选项得0.5分）

61. 下列属于影响房地产市场供给的因素有（　　）。
   A. 利率水平　　　　　　　　　B. 通货膨胀
   C. 房地产市场价格　　　　　　D. 政府政策
   E. 房地产开发成本

62. 下列关于资金时间价值产生原因的说法，正确的有（　　）。
   A. 通货膨胀　　　　　　　　　B. 利润的生产需要时间
   C. 利润与时间成正比　　　　　D. 货币增值
   E. 承担风险

63. 下列评价指标中，适用于建设项目财务盈利分析的有（　　）。
   A. 投资回收期　　　　　　　　B. 净现值
   C. 资产负债率　　　　　　　　D. 总投资收益率
   E. 利息备付率

64. 应进行经济费用效益分析的建设项目包括（　　）。
   A. 具有垄断特征的项目
   B. 产出具有公共产品特征的项目
   C. 资源开发项目
   D. 不受行政干预的项目
   E. 外部效果不显著的项目

65. 下列属于房地产开发项目前期策划主要工作内容的有（　　）。
   A. 环境分析　　　　　　　　　B. 市场定位
   C. 社会影响分析　　　　　　　D. 互适性分析
   E. 社会风险分析

66. 经营成本是项目运营期的主要现金流出，会受（　　）的影响。
   A. 工资　　　　　　　　　　　B. 修理费
   C. 折旧费　　　　　　　　　　D. 摊销费
   E. 福利费

67. 分部分项工程量清单的要件有（　　）。
   A. 项目编码　　　　　　　　　B. 项目名称
   C. 项目特征　　　　　　　　　D. 计量单位
   E. 暂估价

68. 某单代号网络计划中，工作H与其紧后工作K和工作M的时间间隔分别为3周和6周，工作K和工作M的总时差分别为5周和3周，下列关于该网络计划时间参数的说法，正确的有（　　）。
   A. 工作K和工作M的时间间隔为3周
   B. 工作M的自由时差为9周
   C. 工作H的总时差为8周
   D. 工作H的自由时差为3周
   E. 工作K的自由时差为8周

69. 当某工程网络计划的计算工期等于计划工期时，关于网络计划中工作时差的说法，正确的有（　　）。
   A. 工作总时差为零，自由时差必定为零
   B. 工作自由时差为零，总时差必定为零
   C. 在不影响总工期的前提下，工作的机动时间为其自由时差
   D. 在不影响总工期的前提下，工作的机动时间为其总时差
   E. 在不影响紧后工作最早开始时间的前提下，工作的机动时间为其自由时差

70. 下列关于组建项目评标委员会的做法，错误的有（　　）。
   A. 评标委员会由8人组成
   B. 招标监督机构1人参加评标委员会
   C. 专门邀请高校专家2人参加评标委员会
   D. 评标委员会成员的名单在中标结果确定前应当保密
   E. 评标委员会中有3名女性

71. 建设工程合同包括（　　）。
   A. 采购合同　　　　　　　　　B. 施工合同
   C. 工程设计合同　　　　　　　D. 工程咨询合同
   E. 工程勘察合同

72. 实施工程监理的主要方式有（　　）。
   A. 平行检验　　　　　　　　　B. 巡视
   C. 指令文件　　　　　　　　　D. 见证取样
   E. 旁站

73. 下列选项中，属于业主或开发商在项目实施阶段的风险有（　　）。
   A. 勘察设计工作不到位
   B. 承包商缺乏合作诚意

C. 监理工程师失职
D. 材料或设备供应商履约不力
E. 内部决策机制风险

74. 下列属于装配式组合结构的缺点或局限性的有（　　）。
    A. 对施工管理要求高
    B. 施工不便利
    C. 结构计算复杂
    D. 不同材料构件的连接设计缺少标准支持
    E. 制作和施工安装需要更紧密的协调

75. 下列监理人员的职责中，属于总监理工程师不得将其委托给总监理工程师代表的有（　　）。
    A. 签发工程开工令
    B. 组织召开监理例会
    C. 组织编制监理规划
    D. 根据工程进展及监理工作情况调配监理人员
    E. 组织审查和处理工程变更

76. 下列属于 BIM 技术发展趋势的有（　　）。
    A. 现有软件的二次开发
    B. 现有软件的进一步完善
    C. 不开发 BIM 基础性软件
    D. BIM 应用软件与管理软件集成
    E. 新 BIM 应用软件的开发

77. 关于装配式轻型木结构体系的优点的说法，正确的有（　　）。
    A. 材料成本低
    B. 抗震性能好
    C. 适用于 5 层及以下的民用建筑
    D. 施工简便
    E. 可用于 4 层的民用建筑

78. 装配式建筑的入门条件包括（　　）。
    A. 采用全装修
    B. 装配率不低于 60%
    C. 围护墙和内隔墙部分的评价分值不低于 10 分
    D. 装配率不低于 50%
    E. 主体结构部分的评价分值不低于 20 分

79. 工程监理的性质有（　　）。
    A. 科学性
    B. 先进性
    C. 独立性
    D. 公平性
    E. 服务性

80. 室内空气中的（　　）污染物浓度应符合现行国家标准《室内空气质量标准》(GB/T 18883—2002)的有关规定。
    A. 甲醛
    B. 总挥发性有机物
    C. 氡
    D. 二氧化碳
    E. 苯

三、案例分析题（共 20 题，每题 2 分，由单选和多选组成。错选，本题不得分；少选，所选的每个选项得 0.5 分）

（一）

某市一房地产开发商兴建一栋 26 层的商住楼，于 2017 年 12 月招标后，由某建筑工程公司中标承包，签订的施工合同工期为 20 个月。因承包人原因，导致开工时间比开工通知载明的时间晚 2 天。2018 年 2 月，施工单位在建设单位验收合格的情况下，将隐蔽工程覆盖，过后建设单位要求重新检验隐蔽工程，施工单位将覆盖层剥离，重新检验质量合格。2018 年 3 月，施工单位因为工期紧张，将其承包的部分工程分包给另一家公司。2019 年 8 月工程竣工，施工单位向建设单位提交了竣工验收申请报告，竣工验收合格。

根据以上资料，回答下列问题：

81. 关于施工单位将部分工程分包的说法，正确的为（　　）。
    A. 建设工程主体结构必须由承包人自行完成
    B. 施工单位不能向其他人转让中标项目
    C. 工程承包后承包人有权根据自己的意愿决定是否分包
    D. 为不影响工期，未经招标人同意，施工单位可以将工程分包

82. 建设单位重新检验隐蔽工程，并且重新检验质量合格，则施工单位可以索赔（　　）。
    A. 费用
    B. 利润
    C. 公司信誉
    D. 工期

83. 隐蔽部位重新检验，如果经检验证明工程质量不符合合同要求，由此增加的费用和（或）工期延误由（　　）承担。
    A. 承包人
    B. 设计人
    C. 监理人
    D. 发包人

84. 施工单位应在隐蔽工程重新检验质量合格事件发生后（　　）天内，向监理人递交索赔意向通知书。
    A. 7
    B. 10
    C. 14
    D. 28

85. 案例中该商住楼的开工日期为（　　）。
    A. 实际进场施工时间
    B. 开工条件具备的时间
    C. 开工通知载明的开工日期
    D. 综合考虑确定开工时间

（二）

某商业综合体工程，建筑面积约 60 万平方米，地下 5 层、地上 121 层，总投资约 165 亿元。施工分为 9 个区段。该工程的造价控制中存在以下问题：

问题一：工程建造体量大、工程结构复杂、建筑外形不规则的曲面造型多、标段界面划分复杂，造成预算编制难度大、准确性难以保证，且由于人员水平不一，错项、漏项时有发生。

问题二：工程施工合同多、工程变更洽商多、变更结算不及时、变更重复申报、减项变更瞒报等现象时有发生；发生变更后，造价人员需对比不同版次图纸检查核对，找出对成本的影响因素，效率低、可靠性不强。

根据以上资料，回答下列问题：

86. 能够有效解决问题一的 BIM 技术应用内容为（　　）。
    A. 基于 BIM 技术的工程计价
    B. 基于 BIM 技术的工程量计算
    C. 基于 BIM 技术的成本控制与分析
    D. 基于 BIM 技术的算量建模

87. 能够有效解决问题二的 BIM 技术应用内容为（　　）。
    A. 成本分析
    B. 成本核算
    C. 控制设计变更
    D. 模型的变更版本管理

88. 下列选项中，属于基于 BIM 的工程预算的特点有（　　）。
    A. 工程量只能粗略估算
    B. 工程造价调整更加快捷
    C. 基于模型的工程量计算和计价一体化
    D. 深化设计可降低额外费用产生

89. 基于 BIM 的 5D 模拟与方案优化应用包括（　　）。
    A. 施工方案的造价分析及优化
    B. 优化资金使用计划
    C. 可持续元素跟踪
    D. 合理安排施工进度

90. 若该工程应用基于 BIM 技术的成本管理，下列信息种类中，属于基于 BIM 技术成本管理 5D 模型集成的主要信息为（　　）。
    A. 进度信息
    B. 预算信息
    C. 集成文档信息
    D. 建筑构件信息

（三）

某建设工程项目规模很大，对国民经济产生较大影响，要对该项目进行可行性研究。该项目也可能对环境产生较大的影响，因此对该项目还要进行环境影响评价。

根据以上资料，回答下列问题：

91. 该项目可行性研究可分为（　　）阶段。
    A. 投资机会研究
    B. 初步可行性研究
    C. 项目建议书
    D. 详细可行性研究

92. 对该项目在财务评价基础上进行国民经济评价时，应（　　）。
    A. 剔除在财务评价中已计算为效益或费用的转移支付
    B. 增加财务评价中未反映的间接效益
    C. 采用影子汇率和社会折现率
    D. 使用投入物与产出物的现行价格

93. 国民经济评价着眼于项目对社会提供的有用产品和服务，以及项目所耗费的全社会的有用资源来考察项目的效益和费用，因此，效益和费用中不包括（　　）。
    A. 间接效益
    B. 税金
    C. 国内贷款利息
    D. 间接费用

94. 依据《中华人民共和国环境影响评价法》的规定，该项目应进行环境影响评价，这是对项目实施后可能造成的环境影响进行（　　）。
    A. 评估　　B. 限制　　C. 分析　　D. 预测

95. 该项目可能造成重大环境影响，根据《中华人民共和国环境影响评价法》的规定，应当编制（　　）。
    A. 环境影响报告书
    B. 环境影响报告表
    C. 环境影响登记表
    D. 环境影响说明书

（四）

某工程项目的进度计划如下面双代号时标网络图所示（单位：周）。在该工程进行到第 8 周末时对实际进度进行了检查，并根据检查结果绘制了该项目的实际进度前锋线，如下图点划线所示。

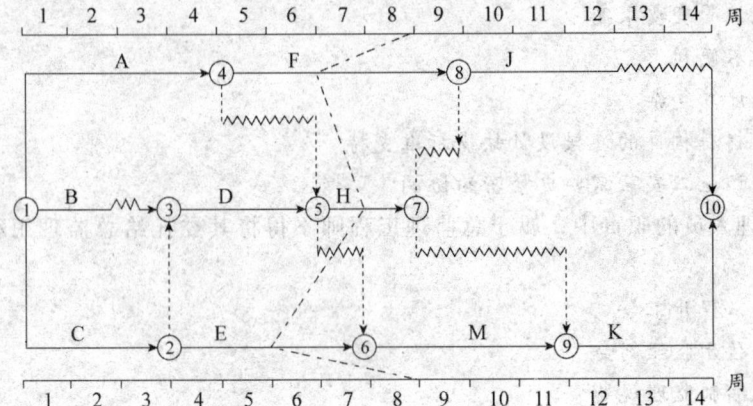

根据以上资料，回答下列问题：

96. 该工程项目进度计划的关键线路为（　　）。
    A. ①—②—③—⑤—⑦—⑨—⑩
    B. ①—②—③—⑤—⑦—⑧—⑩
    C. ①—②—⑥—⑨—⑩
    D. ①—③—⑤—⑦—⑧—⑩

97. 工作 H 的紧前工作有（　　）。
    A. 工作 A
    B. 工作 C
    C. 工作 D
    D. 工作 E

98. 工作 F 的最迟完成时间为第（　　）周。
    A. 9　　B. 11　　C. 12　　D. 14

99. 根据第 8 周末各项工作的实际进度检查结果可知，各项工作的进度偏差为（　　）。
    A. 工作 F 的实际进度比计划进度拖后 2 周
    B. 工作 H 的实际进度比计划进度拖后 1 周
    C. 工作 E 的实际进度比计划进度拖后 2 周
    D. 工作 E 的实际进度比计划进度拖后 3 周

100. 第 8 周末检查该工程项目实际进度的结果表明（　　）。
    A. 工作 F 将使工作 J 的最早开始时间推迟 2 周
    B. 工作 F 不会影响总工期
    C. 工作 H 不会影响总工期
    D. 工作 E 不会影响总工期

全国经济专业技术资格考试
《建筑与房地产经济专业知识与实务》(中级)
押题模拟试卷(四)

(考试时间90分钟 满分140分)

一、单项选择题(共60题,每题1分。每题的备选项中,只有1个最符合题意)

1. 下列不属于影响房地产市场需求的因素是( )。
   A. 利率水平 B. 通货膨胀
   C. 房地产资本收益 D. 政府政策

2. 高档住宅、普通住宅房地产市场的供求存在档次、标准等差异,这属于房地产市场运行的( )特点。
   A. 区域性 B. 层次性
   C. 多重性 D. 风险性

3. 对于《政府核准的投资项目目录》以外的企业投资项目,实行( )。
   A. 核准制 B. 备案制
   C. 登记制 D. 审查制

4. 某债券1 000元,年利率为8%,每半年付息一次,购买之后3年到期,即获得6次付息后偿还债券本金1 000元,若购买债券者欲获取10%的收益,则该债券最多应用( )元购买。已知:(F/A,4%,6)=6.633,(P/F,10%,3)=0.751 3。
   A. 962.45 B. 984.46
   C. 1 064.86 D. 950.63

5. 下列关于盈亏平衡点的生产负荷率与建设项目风险承受能力的关系,说法不正确的是( )。
   A. 生产负荷率越小,则风险越小
   B. 生产负荷率越小,则承受风险的能力越差
   C. 生产负荷率越大,则风险越大
   D. 生产负荷率越小,可以承受的风险越大

6. 某建设项目的年设计生产能力为6 500件,年固定成本为200万元,每件产品的售价为1 000元,单位变动成本为600元,销售利润为40万元,则该项目建成后的盈亏平衡点为( )件。
   A. 4 000 B. 4 300 C. 4 500 D. 5 000

7. 下列类型的投资方案中,适宜使用增量内部收益率法进行评价的是( )。
   A. 独立方案 B. 寿命期不等的互斥方案
   C. 寿命期相等的互斥方案 D. 混合方案

8. 某公司2019年年末的负债总额是3 000万元,资产总额是8 000万元,企业所得税税额是200万元,则该公司2019年的资产负债率为( )。
   A. 35.0% B. 36.6%
   C. 37.5% D. 40.0%

9. 某项目各年的净现金流量见下表,$i_c = 10\%$,则该项目动态投资回收期是( )年。

该项目各年的净现金流量

年份	0	1	2	3	4	5	6
净现金流量	-60	-40	20	50	50	50	50
净现金流量折现值	-60	-36.36	16.53	37.57	34.15	31.05	28.22
累计折现净现金流量	-60	-96.36	-79.83	-42.26	-8.11	22.94	51.16

   A. 3.64 B. 4.26
   C. 5.36 D. 6.24

10. 比较评价对象之间的相关性来评定功能评价系数的功能评价方法是( )。
    A. 01评分法 B. 04评分法
    C. 直接评分法 D. 倍比法

11. 利用价值工程进行方案比选的步骤如下:①确定评价对象并收集基础资料;②确定评价对象的功能重要性权重;③分析评价对象的各项功能;④计算不同方案的功能成本系数和功能系数;⑤计算各功能的价值系数。正确的顺序是( )。
    A. ①②③④⑤ B. ①③②④⑤
    C. ①④②③⑤ D. ①④③②⑤

12. 房地产开发项目主题创意的基础是( )。
    A. 易于展示和传播
    B. 凸显项目的内在品质
    C. 与目标客户的需求相吻合
    D. 与项目所处地区的资源相协调

13. 根据《中华人民共和国环境影响评价法》,对于可能造成重大环境影响的建设项目,应当( )。
    A. 编制环境影响报告书 B. 编制环境影响报表
    C. 填报环境影响登记表 D. 制定环境综合治理方案

14. 建设项目的环境影响评价文件自批准之日起满( )年,建设项目方决定该项目开工建设的,其环境影响评价文件应当报原审批部门重新审核。
    A. 2 B. 3 C. 4 D. 5

15. 下列关于建设项目财务评价的说法,正确的是( )。
    A. 财务评价对投入物和产出物采用现行价格
    B. 财务评价对投入物和产出物采用影子价格
    C. 财务评价需计算项目的间接效益与费用
    D. 财务评价也称为宏观评价

16. 关于可行性研究报告评估的说法，错误的是（　　）。
   A. 可行性研究报告是工程项目投资决策的重要基础和依据
   B. 贷款机构在接到项目贷款申请时，必须委托专门的咨询机构对可行性研究报告进行评估
   C. 对可行性研究报告的评估大致包括报告编制的规范性评估和报告内容、结果真实性、可靠性、准确性评估
   D. 可行性研究报告的编写质量和准确性关系到项目投资决策的科学性和可靠性，是决定项目成败的关键因素

17. 根据《建筑安装工程费用项目组成》，施工企业按职工工资总额的规定比例计提的职工教育经费应列入（　　）。
   A. 企业管理费
   B. 人工费
   C. 规费
   D. 建设单位管理费

18. 建设投资由三部分构成，即工程费用、工程建设其他费用和（　　）。
   A. 土地使用费
   B. 预备费
   C. 无形资产费用
   D. 建设期利息

19. 进口设备增值税额应以（　　）乘以增值税税率计算。
   A. 关税完税价格+关税+消费税
   B. 离岸价格
   C. 关税+消费税
   D. 关税完税价格

20. 工程量清单计价模式下投标价的编制中，其他项目费的报价原则不包括（　　）。
   A. 暂列金额应按招标工程量清单中列出的金额填写
   B. 招标文件中提供了暂估单价的材料，应按暂估单价计入综合单价
   C. 材料暂估价应按招标工程量清单中列出的单价计入综合单价；专业工程暂估价应按招标工程量清单中列出的金额填写
   D. 总承包服务费根据招标文件中列出的内容和提出的要求自主确定

21. 某建设项目的建设期为3年，每年的贷款额预计均为600万元，贷款年利率为8%，则应计入建设工程造价的建设期利息是（　　）万元。
   A. 24.00　　B. 73.92　　C. 79.83　　D. 177.75

22. 在双代号网络计划中，关于虚工作的说法，正确的是（　　）。
   A. 虚工作既不占用时间，又不消耗资源
   B. 虚工作既占用时间，又消耗资源
   C. 虚工作只占用时间，不消耗资源
   D. 虚工作不占用时间，只消耗资源

23. 在工程网络计划中，工作H的持续时间为6天，其最早开始时间是第6天。该工作有3项紧后工作，最迟开始时间分别为第15天、17天、19天。则工作H的总时差是（　　）天。
   A. 3　　B. 5　　C. 7　　D. 9

24. 某工程网络计划中，工作M有三项紧前工作，其最早开始时间分别为第10、12和14周，三项工作的持续时间分别为9周、6周和3周。则工作M的最早开始时间是第（　　）周。
   A. 17
   B. 18
   C. 19
   D. 20

25. 在单代号网络计划中，关键线路的判定条件是（　　）。
   A. 时间间隔为零的工作线路
   B. 工作总时差为零的工作线路
   C. 工作自由时差为零的工作线路
   D. 全由关键工作构成，且相邻工作之间时间间隔均为零的工作线路

26. 工程网络计划中，关于实际进度与计划进度比较的说法，错误的是（　　）。
   A. 尚有总时差与原有总时差相等，实际进度等于计划进度
   B. 尚有总时差大于原有总时差，实际进度超前
   C. 尚有总时差小于原有总时差，为非负值，实际进度拖后，将影响总工期
   D. 尚有总时差小于原有总时差，为负值，实际进度拖后，将影响总工期

27. 下列属于可不进行招标的项目是（　　）。
   A. 城市居民供热项目
   B. 施工中需采用专有技术的项目
   C. 使用国家对外借款或担保所筹资金的项目
   D. 使用国际组织或外国政府援助资金的项目

28. 评标委员会应否决投标人投标的是（　　）。
   A. 投标报价低于招标文件设定的最高投标限价
   B. 投标报价超过标底上下浮动范围
   C. 投标文件没有对招标文件的实质性要求和条件作出响应
   D. 投标文件中用数字表示的数额与用文字表示的数额不一致

29. 若评标委员会共有15人，则技术、经济方面的专家最少为（　　）人。
   A. 5　　B. 8
   C. 10　　D. 12

30. 关于不平衡报价法适用情况的说法，错误的是（　　）。
   A. 经过工程量核算，预计今后工程量会增加的项目，适当提高单价
   B. 设计图纸不明确，估计修改后工程量要增加的，适当提高单价
   C. 单价与包干混合制合同中，招标人要求采用包干报价时，宜报高价
   D. 后期工程项目的报价可适当提高

31. 监理人应在收到索赔通知书或有关索赔的进一步证明材料后的（　　）天内，将索赔处理结果答复承包人。
   A. 14　　B. 28
   C. 42　　D. 56

32. 缺陷责任期一般为（　　）年，最长不超过（　　）年。
   A. 1；2　　B. 1；3
   C. 2；3　　D. 2；4

33. 工程监理单位与建设单位或者施工单位串通，弄虚作假、降低工程质量的，责令改正，处（　　）的罚款，降低资质等级或者吊销资质证书；有违法所得的，予以没收；造成损失的，承担连带赔偿责任。
   A. 5万元以上10万元以下

B. 10万元以上30万元以下
C. 30万元以上50万元以下
D. 50万元以上100万元以下

34. 下列工程风险中，属于按风险造成的后果分类的是（　　）。
    A. 可管理风险　　　　　　　　B. 纯粹风险
    C. 承包商风险　　　　　　　　D. 高度风险

35. 下列选项中，不属于绝对责任免除的是（　　）。
    A. 不可抗力　　　　　　　　　B. 被保险人责任
    C. 他人责任　　　　　　　　　D. 交叉责任

36. 下列关于风险转移应对策略，说法错误的是（　　）。
    A. 风险转移是工程风险管理广泛采用的应对策略
    B. 风险转移的目的是降低风险发生的概率
    C. 风险转移通常有保险转移和非保险转移
    D. 与其他风险规避策略相比，工程保险转移风险的效率是最高的

37. 下列关于工程保险的特征，说法错误的是（　　）。
    A. 保障具有综合性　　　　　　B. 被保险人具有广泛性
    C. 保险金额具有稳定性　　　　D. 保险期限具有不确定性

38. 监理规划应在签订工程监理合同及收到工程设计文件后，由（　　）组织专业监理工程师编制。
    A. 项目业主单位负责人　　　　B. 监理单位技术负责人
    C. 总监理工程师　　　　　　　D. 总监理工程师代表

39. 下列不属于咨询设计服务单位自身职业责任风险的是（　　）。
    A. 工程咨询单位编制的投资估算、设计概算不准
    B. 勘察设计单位提供的设计方案不合理
    C. 咨询设计服务单位的能力和水平不适应
    D. 咨询服务合同欠公平

40. 利用BIM技术，可以通过可视化交流和信息共享来加强团队合作，改善传统的项目管理模式和信息沟通模式，实现建设工程策划、设计、采购、加强预制、现场施工的无缝对接，减少误差，大大缩短工期，这体现的是BIM技术（　　）方面的应用价值。
    A. 提高生产效率
    B. 提高业主对设计方案的评估能力
    C. 提高业主对市场的反应速度
    D. 提高建设设施的可持续性

41. 外墙内保温同外墙外保温相比，优点是（　　）。
    A. 保温隔热效果好　　　　　　B. 施工方便
    C. 墙体温度波动小，不易开裂　D. 改善室内环境

42. 根据《"十三五"装配式建筑行动方案》，到2020年，培育（　　）个以上装配式建筑示范城市。
    A. 30　　　　　　　　　　　　B. 50

C. 200　　　　　　　　　　　　D. 500

43. 装配整体式混凝土结构的主要连接方式是（　　）。
    A. 湿连接　　　　　　　　　　B. 干湿混合连接
    C. 配件连接　　　　　　　　　D. 干式工法连接

44. 木结构设计灵活，能够突破木材自身的尺寸限制，实现各种不同的设计，这体现了装配式木结构建筑的（　　）特点。
    A. 具有良好的耗能性能　　　　B. 节能低碳环保效益显著
    C. 抗震性能好　　　　　　　　D. 加工精度高

45. 除专用合同条款另有约定外，下列不属于主要勘察人员的是（　　）。
    A. 勘探描述（记录）员　　　　B. 项目负责人
    C. 试验负责人　　　　　　　　D. 勘探负责人

46. 下列关于缺陷责任期，说法错误的是（　　）。
    A. 缺陷责任期从工程通过竣工验收之日起计
    B. 缺陷责任期等同于工程保修期
    C. 缺陷责任期实质上是预留工程质量保证金的一个期限
    D. 缺陷责任期届满后14天内，由监理人向承包人出具经发包人签认的缺陷责任期终止证书

47. 下列风险处理方法中，属于风险回避的是（　　）。
    A. 减少构成危险的数量因素　　B. 改变危险的基本特征
    C. 主动放弃项目　　　　　　　D. 预防危险源的发生

48. 承包人应在引起索赔事件发生后的28天内，向监理人递交（　　），并说明发生索赔事件的事由。
    A. 索赔意向通知书　　　　　　B. 索赔报告
    C. 索赔档案　　　　　　　　　D. 正式的索赔通知书

49. 下列不属于室内声环境控制措施的是（　　）。
    A. 建筑隔振与消声　　　　　　B. 掩蔽噪声
    C. 消除噪声　　　　　　　　　D. 噪声的传播控制

50. 下列装配式建筑构件中，不属于装配式框架结构受力构件的是（　　）。
    A. 柱　　　　　　　　　　　　B. 梁
    C. 楼板　　　　　　　　　　　D. 外挂板

51. 《装配式建筑评价标准》规定，采用（　　）评价民用建筑的装配化程度。
    A. 建筑率　　　　　　　　　　B. 装配率
    C. 容积率　　　　　　　　　　D. 绿化率

52. 当评价项目满足入门条件，且主体结构竖向构件中预制部品部件的应用比例不低于（　　）时，可以进行装配式建筑等级评价。
    A. 20%　　　B. 25%　　　C. 30%　　　D. 35%

53. 采用装配化装修技术中，下列不属于干式工法带来的好处是（　　）。
    A. 可以降低结构拆分和管线预埋的难度
    B. 可缩短装修工期
    C. 从源头上杜绝湿作业带来的开裂

D. 有利于翻新维护

54. 英国建筑研究院环境评价体系是由英国"建筑研究机构"在（　　）年制定的世界上第一个绿色建筑评价体系。
   A. 1989 B. 1990
   C. 1991 D. 1992

55. 《能源与环境设计先导》（LEED）评价体系中，LEED-EB是面向（　　）的评估。
   A. 新建筑 B. 既有建筑营运管理
   C. 商业内部装修 D. 住宅

56. 正常使用的照明系统，按其灯具的布置方式可分为的类型不包括（　　）。
   A. 一般照明 B. 分区一般照明
   C. 特殊照明 D. 局部照明

57. 下列不属于建设工程设计责任保险的是（　　）。
   A. 年度责任险 B. 项目责任险
   C. 月度责任险 D. 多个项目险

58. （　　）的基本原理是通过抓住事物运动过程的数量和物理特征，运用数学方法进行模拟，每一次模拟都描述系统可能出现的情况，经过成百上千次模拟后，即可得到一些有价值的结果。
   A. 主观评分法 B. 蒙特卡洛法
   C. 等风险图法 D. 综合推断法

59. （　　）是指项目监理机构对施工单位进行的涉及结构安全的试块、试件及工程材料现场取样、封样、送检工作的监督活动。
   A. 巡视 B. 平行检验
   C. 旁站 D. 见证取样

60. 工程监理性质中，（　　）是工程监理行业能够长期生存和发展的基本职业道德准则。
   A. 独立性 B. 服务性
   C. 科学性 D. 公平性

二、**多项选择题**（共20题，每题2分。每题的备选项中，有2个或2个以上符合题意，至少有1个错项。错选，本题不得分；少选，所选的每个选项得0.5分）

61. 工程项目开发建设前的准备工作主要包括（　　）。
   A. 办理质量监督和施工许可手续
   B. 准备必要的施工图纸
   C. 征地、拆迁和场地平整
   D. 组建生产管理机构
   E. 组织生产人员参加设备安装

62. 可以用于不确定性分析的方法包括（　　）。
   A. 盈利能力分析 B. 盈亏平衡分析
   C. 偿债能力分析 D. 敏感性分析
   E. 风险分析

63. 建设项目可行性研究包括（　　）等阶段。
   A. 制定项目建议书 B. 投资机会研究
   C. 初步可行性研究 D. 详细可行性研究
   E. 项目评估决策

64. 建设项目财务评价与国民经济评价的区别主要有（　　）。
   A. 评价角度不同 B. 评价采用的价格不同
   C. 评价基础不同 D. 主要参数不同
   E. 评价方法不同

65. 可行性研究报告的编制应做到（　　）。
   A. 编制依据可靠 B. 内容简单清晰
   C. 结构内容完整 D. 文本格式规范
   E. 附图附表附件齐全

66. 下列建筑安装工程费用中，应计入企业管理费的有（　　）。
   A. 人员的津贴 B. 工会经费
   C. 职工教育经费 D. 社会保险费
   E. 办公费

67. 下列属于施工图预算编制方法的有（　　）。
   A. 概算定额法 B. 概算指标法
   C. 单价法 D. 实物量法
   E. 类似工程预决算法

68. 实物量法和单价法的区别在于计算（　　）之和的方法不同。
   A. 人工费 B. 材料费
   C. 施工机械使用费 D. 企业管理费
   E. 利润

69. 在双代号网络计划中，当计划工期等于计算工期时，下列说法错误的有（　　）。
   A. 开始节点和完成节点均为关键节点的工作一定是关键工作
   B. 以关键节点为完成节点的工作，其总时差等于自由时差
   C. 两个关键节点间有多项工作，且工作间的非关键节点无其他内向箭线和外向箭线，则各项工作的总时差相等
   D. 两个关键节点间有多项工作，且工作间的非关键节点无其他内向箭线和外向箭线，则各项工作的自由时差均为零
   E. 两个关键节点间有多项工作，且工作间的非关键节点有外向箭线而无其他内向箭线，则各项工作的总时差不一定相等

70. 下列招标人行为中，属于排斥投标人或潜在投标人的有（　　）。
   A. 要求投标人具有履行合同的能力
   B. 向5家以上符合资质条件的投标人发出投标邀请书
   C. 为保证施工质量指定某品牌产品作为中标产品
   D. 要求投标人在最近3年内没有重大工程质量问题
   E. 对投标人采取不同的评标标准

71. 下列职责中，属于专业监理工程师职责的有（　　）。
    A. 负责编制监理实施细则
    B. 组织审查和处理工程变更
    C. 进行工程计量
    D. 参与审核分包单位资格
    E. 签发工程款支付证书

72. 下列关于工程隐蔽部位，说法正确的有（　　）。
    A. 监理人检查工程隐蔽部位确认质量不合格的，承包人应在监理人指示的时间内修正返工后，由监理人重新检查
    B. 经承包人自检确认的工程隐蔽部位具备覆盖条件后，承包人应通知监理人在约定的期限内检查
    C. 经承包人自己确认的工程隐蔽部位具备覆盖条件后，承包人可自行覆盖工程隐蔽部位
    D. 工程隐蔽部位中心检验质量不合格，由发包人承担由此增加的费用和（或）工期延误
    E. 工程隐蔽部位重新检验质量合格，由发包人承担由此增加的费用和（或）工期延误

73. 钢结构住宅主要包括（　　）。
    A. 钢木住宅
    B. 彩钢结构住宅
    C. 低层轻钢结构住宅
    D. 多层及高层钢结构住宅
    E. 混凝土钢结构住宅

74. 下列属于建筑施工应尽可能减少建筑材料浪费及建筑垃圾产生的措施有（　　）。
    A. 用建筑工业化的生产与施工方式
    B. 尽量就地取材，减少建筑材料在运输过程中造成的损坏及浪费
    C. 大力推行多次装修
    D. 采用科学严谨的材料预算方案，尽量降低竣工后建筑材料剩余率
    E. 加强工程物资与仓库管理，避免优材劣用

75. 《建设工程监理范围和规模标准规定》（建设部令第86号）规定，下列工程中，必须进行工程监理的有（　　）。
    A. 利用外国政府或者国际组织贷款、援助资金的工程
    B. 国家重点建设工程
    C. 项目总投资额为2 000万元的体育项目
    D. 建筑面积为55 000平方米的住宅建设工程
    E. 项目总投资额为4 000万元的文化项目

76. 下列监理工作中，属于建设工程监理规划内容的有（　　）。
    A. 安全生产管理的监理工作
    B. 制定隐蔽工程验收标准
    C. 监理工作制度
    D. 工程造价控制
    E. 监理工作的范围、内容、目标

77. 下列属于基于BIM的施工方案模拟应用流程的有（　　）。
    A. 对施工过程进行虚拟仿真
    B. 建立建筑结构三维模型
    C. 管线综合碰撞检测
    D. 搭建虚拟施工环境
    E. 建立算量模型

78. 下列选项中，属于装配式建筑特征的有（　　）。
    A. 企业化施工
    B. 智能化应用
    C. 信息化管理
    D. 一体化装修
    E. 标准化设计

79. 下列关于LEED评价体系，说法错误的有（　　）。
    A. LEED是一个民间、基于共识、市场推动的绿色建筑评价体系
    B. LEED评估点分为评估提前、得分点和创新分三类
    C. 评估认证等级中的认证级，需满足至少50%的评估点要求
    D. 评估认证等级中的银级，需满足至少60%的评估点要求
    E. 评估认证等级中的白金级，需满足至少80%的评估点要求

80. 下列属于智慧城市评价指标设计原则的有（　　）。
    A. 代表性
    B. 不可操作性
    C. 开放性
    D. 系统性
    E. 人本性

三、案例分析题（共20题，每题2分，由单选和多选组成。错选，本题不得分；少选，所选的每个选项得0.5分）

（一）

某公司生产某单一产品，年固定成本为100万元，每件产品的变动成本（含单位产品税金等）为60元，销售价格为160元，设计生产能力为年产量12 000件。

根据以上资料，回答下列问题：

81. 该建设项目的产量盈亏平衡点是（　　）件。
    A. 6 000
    B. 9 000
    C. 10 000
    D. 20 000

82. 该建设项目达到产量盈亏平衡点时的生产负荷率为（　　）。
    A. 66.7%
    B. 68.5%
    C. 70.4%
    D. 83.3%

83. 当该建设项目的产量为12 000件时，利润为（　　）万元。
    A. 20
    B. 28
    C. 36
    D. 40

84. 在进行盈亏平衡分析时，需假定一定时期内（　　）都保持一个确定的量值。
    A. 生产产品的需求量
    B. 固定成本
    C. 单位产品的销售价格
    D. 单位产品的变动成本

85. 盈亏平衡分析可分为（　　）。
    A. 单因素盈亏平衡分析
    B. 线性盈亏平衡分析
    C. 多因素盈亏平衡分析
    D. 非线性盈亏平衡分析

（二）

某建筑工程公司正在研究购买A、B两种吊装设备中的哪一种更有利的问题。A设备价格为700万元，寿命期为4年；B设备价格为1 400万元，寿命期为8年。两种设备的动力费、人工费、故障率、修理费、速度和效率等都是相同的。假设资本的利率为10%。已知：$(A/P, 10\%, 4) = 0.315\,47$，$(A/P, 10\%, 8) = 0.187\,44$。

根据以上资料，回答下列问题：

86. A、B两种吊装设备的购买问题属于（　　）的选择问题。
    A. 互斥方案　　　　　　　　B. 单一方案
    C. 独立方案　　　　　　　　D. 混合方案

87. 对于寿命期相同的互斥方案的选择，宜采用的方法为（　　）。
    A. 内部收益率法　　　　　　B. 净现值法
    C. 净年值法　　　　　　　　D. 增量内部收益率法

88. 对于寿命期不同的互斥方案，宜采用的方法为（　　）。
    A. 最小公倍数法　　　　　　B. 净年值法
    C. 研究期法　　　　　　　　D. 比率法

89. A设备的年度投资费用为（　　）万元。
    A. 216.56　　　　　　　　　B. 218.33
    C. 220.83　　　　　　　　　D. 230.56

90. B设备的年度投资费用为（　　）万元。
    A. 230.60　　　　　　　　　B. 240.76
    C. 258.83　　　　　　　　　D. 262.42

（三）

某普通住宅楼项目的建设单位委托招标代理机构，采用公开招标的方式办理该建设项目的招标事宜。公布招标信息后，在投标截止时间内，共收到A、B、C、D、E、F六家施工企业的投标文件。因交通原因，G施工企业的投标文件晚2小时送达，已向招标人做出书面解释。

招标代理机构按规定确定评标委员会专家成员共计5人，招标人授权该评委会确定中标人。

评标委员会在初步评审过程中发现：A企业投标报价最高；C企业的投标报价明显低于成本，其投标文件中没有说明理由；D企业的投标文件有一处计算错误。

经评标委员会评审后确定中标单位为B企业，向招标人提交书面评标报告，并抄送行政监管部门。

根据以上资料，回答下列问题：

91. 在开标前共收到有效投标文件（　　）份。
    A. 7　　　　　　　　　　　　B. 6
    C. 5　　　　　　　　　　　　D. 4

92. 下列关于依法组建评标委员会的说法，正确的是（　　）。
    A. 应由行政监管单位的领导研究确定评标委员会成员
    B. 可由招标人直接指定评标委员会成员
    C. 评标委员会中的技术经济专家的构成比例应符合相关法律要求
    D. 应从招标代理机构的专家库内的相关专家名单中，采用随机抽取的方式确定评标委员会成员

93. 本案例中的投标文件，评标委员会应否决（　　）的投标文件。
    A. A企业　　　　　　　　　　B. C企业
    C. D企业　　　　　　　　　　D. G企业

94. 初步评审阶段，评标委员会可以书面形式要求（　　）作必要澄清和说明。
    A. A企业　　　　　　　　　　B. C企业
    C. D企业　　　　　　　　　　D. G企业

95. 该项目的建设单位应与B企业在中标通知书发出之日起（　　）日内，按照相关文件签订承包合同。
    A. 7　　　　　　　　　　　　B. 14
    C. 20　　　　　　　　　　　　D. 30

（四）

某工程高578米，总建筑面积75万平方米，地下6层，地上6层。现通过BIM技术对其进行生命周期全过程协同管理，其中在该项目的BIM应用点主要有深化设计、进度管理、预算管理、施工场地平面布置、场地管理、碰撞检查、工程量计算、工程计价、变更工程量计算。

根据以上资料，回答下列问题：

96. 该案例中所述应用点属于基于BIM技术的工程造价过程控制的有（　　）。
    A. 变更工程量计算　　　　　B. 深化设计
    C. 工程计价　　　　　　　　D. 工程量计算

97. 该项目的BIM应用点中深化设计属于BIM技术在（　　）阶段的应用。
    A. 竣工结算　　　　　　　　B. 运营维护
    C. 工程施工　　　　　　　　D. 规划设计

98. 该项目的BIM应用点中施工场地平面布置属于BIM技术在（　　）阶段的应用。
    A. 竣工结算　　　　　　　　B. 运营维护
    C. 工程施工　　　　　　　　D. 规划设计

99. BIM技术在规划设计阶段的应用不包括（　　）。
    A. BIM在设计前期阶段的应用
    B. BIM在方案设计阶段的应用
    C. BIM在施工进度管理的应用
    D. BIM在施工图设计阶段的应用

100. 下列属于BIM技术在工程量计算中的应用有（　　）。
    A. 工程自动计价　　　　　　B. 工程量自动计算
    C. 关联构件的扣减计算　　　D. 基于三维模型的工程量计算

全国经济专业技术资格考试
《建筑与房地产经济专业知识与实务》(中级)
押题模拟试卷(五)

(考试时间90分钟 满分140分)

一、单项选择题(共60题,每题1分。每题的备选项中,只有1个最符合题意)

1. 房地产开发企业应当自竣工验收合格之日起( )日内,将建设工程竣工验收报告和相关部门出具的认可文件报建设行政主管部门备案。
   A. 10   B. 15   C. 20   D. 30

2. 建设项目用地预审与选址意见书自批准之日起( )年内有效。
   A. 1   B. 2   C. 3   D. 5

3. 房地产投资性需求的量化标准是投资性购房量控制在房地产交易总量的( )以下。
   A. 10%   B. 20%
   C. 30%   D. 40%

4. 下列不属于施工图审查机构对施工图审查的内容是( )。
   A. 是否符合工程建设强制性标准
   B. 是否符合民用建筑节能强制性标准
   C. 消防安全性
   D. 是否对重大公共利益产生不利影响

5. 下列关于单利和复利的说法,错误的是( )。
   A. 单利的利息和时间呈线性关系
   B. 单利计算中,要计算本金所产生的利息的利息
   C. 复利计息方式中,不但本金产生利息,而且利息的部分也产生利息
   D. 同等条件下,一笔资金按复利计息要比按单利计息利息高

6. 张某因买房向银行贷款100万元,按复利计算,年利率为5.5%,在10年后一次还清,则还款额为( )万元。
   A. 55.00   B. 89.54
   C. 155.00   D. 170.81

7. 某项目预计建成投产后的年固定成本为50万元,每件产品估计售价为60元,单位产品变动成本为25元,销售税率为10%。则该项目盈亏平衡点的产量为( )件。
   A. 14 286   B. 17 242
   C. 18 400   D. 22 500

8. 某企业准备5年后进行设备更新,到时所需资金估计为1 000万元,若存款利率为5%,从现在开始每年年末均等存款,则每年应存款( )万元。已知:$(A/F, 5\%, 5) = 0.180\ 97$。
   A. 78.65   B. 165.77   C. 180.97   D. 200.07

9. 价值工程的核心是( )。
   A. 以最低的寿命周期成本实现产品的必要功能,使用户和企业获得理想的经济效益
   B. 对产品进行功能分析
   C. 将产品价值、功能和成本作为一个整体同时考虑
   D. 以集体智慧开展有计划、有组织、有领导的管理活动

10. 关于功能评价方法中的倍比法的说法,错误的是( )。
    A. 根据各评价对象的功能重要性程度,按上低下高原则排序
    B. 从上至下按倍数比较相邻两个评价对象
    C. 令最后一个评价对象得分为1
    D. 倍比法比较评价对象之间的相关性

11. 下列属于房地产开发项目前期策划原则的是( )。
    A. 时效性原则   B. 整体性原则
    C. 差异性原则   D. 针对性原则

12. 房地产开发项目前期策划中,分析"建什么"的关键任务是对项目进行客观准确的项目定位和( )。
    A. 价格定位   B. 产品定位
    C. 市场风险分析   D. 客户定位

13. 房地产开发项目前期策划工作的核心是( )。
    A. 经济评价   B. 运行建议
    C. 环境分析   D. 市场定位

14. 房地产市场细分的依据是( )。
    A. 消费者需求   B. 产品品种
    C. 国家消费政策   D. 产品规格

15. 下列不属于工程项目可行性研究报告主要内容的是( )。
    A. 建设进度计划   B. 投资估算与资金筹措
    C. 项目经济指标的测算过程   D. 财务分析和国民经济分析

16. 当开发项目优势明显但存在外部市场威胁时,可采用( )。
    A. SO战略   B. ST战略
    C. WO战略   D. WT战略

17. 下列不属于居住项目核心商品定位的主要内容的是( )。
    A. 功能组合策划   B. 户型设计策划
    C. 配套设施策划   D. 环境设计策划

18. 在固定资产投资估算编制方法中,根据已建成的类似项目的投资额、生产能力和拟建项目的生产能力,估算拟建项目投资额的方法是( )。
    A. 资金周转率法   B. 设备费用百分比估算法
    C. 生产能力指数法   D. 造价指标估算法

19. 用资金周转率法估算某项目建设投资。已知该项目资金周转率的近似值为1.2，项目生产期产品的年产量为480万吨，产品价格为90元/吨。该项目总投资估算结果应为（　　）万元。
  A. 3 600　　　　　　　　　　B. 36 000
  C. 45 000　　　　　　　　　　D. 67 500

20. 下列费用中，应列入工程量清单中其他项目清单的是（　　）。
  A. 专业工程暂估价　　　　　　B. 安全文明施工费
  C. 二次搬运费　　　　　　　　D. 工程排污费

21. 下列关于工程预付款的说法，错误的是（　　）。
  A. 包工包料工程的预付款支付比例不高于签约合同价的30%
  B. 发包人应在开工后1个月内支付预付款
  C. 已支付的预付款应当以抵充各期工程进度款的方式陆续扣回
  D. 通常承包人完成合同价款的20%～30%时，开始从进度款中按一定比例归还工程预付款

22. 在合同约定的缺陷责任期终止后的（　　）天内，发包人应将剩余的质量保证金返还给承包人。
  A. 7　　　　B. 14　　　　C. 21　　　　D. 28

23. 在双代号网络计划中，工作B的持续时间是5天，最早完成时间是第11天，其总时差为5天，则工作B的最迟开始时间是第（　　）天。
  A. 11　　　　B. 12　　　　C. 13　　　　D. 18

24. 某工程单代号网络计划中，工作G的最早开始时间为第15天，持续时间为5天，工作G有三项紧后工作，其最早开始时间分别为第25、27和29天，则工作G的自由时差是（　　）天。
  A. 5　　　　B. 7　　　　C. 9　　　　D. 10

25. 在检查某工程网络计划实际执行情况时，发现工作M的实际进度比计划进度滞后6周，工作M的总时差和自由时差分别为4周和2周，则工作M（　　）。
  A. 将使其紧后工作的最早开始时间推迟4周
  B. 将使其紧后工作的最早开始时间推迟5周
  C. 将使总工期延误3周
  D. 将不影响其紧后工作的自由时差

26. 在网络计划中，某工作的最早开始时间等于其所有紧前工作（　　）。
  A. 最早完成时间的最大值　　　B. 最早完成时间的最小值
  C. 最迟完成时间的最大值　　　D. 最迟完成时间的最小值

27. 在双代号网络计划中，工作M的持续时间为8天，最早完成时间是第16天，工作M的总时差为5天，则工作M的最迟开始时间是第（　　）天。
  A. 7　　　　　　　　　　　　B. 10
  C. 13　　　　　　　　　　　D. 18

28. 与邀请招标相比，公开招标的优点是（　　）。
  A. 节约招标费用　　　　　　　B. 在较广泛的范围内选择承包商
  C. 节省招标时间　　　　　　　D. 减少风险

29. 关于中标后签订合同及履约的说法，正确的是（　　）。
  A. 招标人和中标人可以不按照招标文件和投标文件的要求，重新约定相关事项
  B. 招标人最迟应当在书面合同签订后10日内向中标人和未中标的投标人退还投标保证金及银行同期存款利息
  C. 招标文件要求中标人提交履约保证金的，中标人应按照要求提交，履约保证金不得超过中标合同金额的10%
  D. 中标人有权根据自己的意愿将部分工程分包给他人

30. 根据《标准施工招标文件》，初步评审属于对投标文件的合格性审查。下列不属于初步评审内容的是（　　）。
  A. 投标人资格审查
  B. 投标文件对招标文件的响应性审查
  C. 施工组织设计和项目管理机构设置的合理性审查
  D. 投标文件的澄清和说明

31. 发包人应在监理人收到进度付款申请单后的（　　）天内，将进度应付款支付给承包人。
  A. 7　　　　B. 10　　　　C. 14　　　　D. 28

32. FIDIC《施工合同条件》是基于（　　）为核心的管理模式。
  A. 业主　　　　　　　　　　　B. （咨询）工程师
  C. 承包商　　　　　　　　　　D. 指定分包商

33. 美国建筑师学会（AIA）编制了众多的系列标准合同文本，其中D系列是指（　　）。
  A. 建筑师行业所用的文件
  B. 业主与提供专业服务的建筑师之间的合同文本
  C. 合同和办公管理中使用的文件
  D. 财务管理表格

34. 工程勘察合同履行过程中，下列情况属于发包人违约的是（　　）。
  A. 发包人及时接收勘察人提交的勘察文件
  B. 勘察文件不符合法律及合同约定
  C. 发包人原因造成勘察停止
  D. 发包人按约定的数量和期限将基础资料交给勘察人

35. 目前我国建设工程监理的实施范围主要是（　　）。
  A. 项目运营阶段　　　　　　　B. 项目建议书阶段
  C. 工程施工阶段　　　　　　　D. 项目后评估阶段

36. 《建设工程安全生产管理条例》规定，发现安全事故隐患未及时要求施工单位整改或者暂时停止施工的，责令限期改正；逾期未改正的，责令停业整顿，并处（　　）的罚款。
  A. 5万元以上10万元以下　　　B. 10万元以上30万元以下
  C. 20万元以上50万元以下　　D. 30万元以上100万元以下

37. 下列不属于监理机构实施监理工作采用的主要方式是（　　）。
  A. 巡视　　　　　　　　　　　B. 旁站
  C. 见证取样　　　　　　　　　D. 指令性文件

38. 下列属于安装工程一切险物质损失部分的保险责任的是（ ）。
    A. 地震、海啸等自然灾害
    B. 由材料缺陷引起的被保险人财产本身的损失
    C. 由于超电压造成电气设备本身的损失
    D. 由于设计错误引起的保险财产本身的损失

39. 下列选项中，不属于工程风险估计内容的是（ ）。
    A. 风险事件影响的范围估计
    B. 风险事件发生的可能性估计
    C. 风险责任分配估计
    D. 风险事件可能产生的后果估计

40. BIM技术发展意味着其要素的发展，这些要素中，源头是（ ）。
    A. BIM应用软件   B. CAD应用标准
    C. BIM应用标准   D. BIM应用点

41. BIM模型的核心元素是（ ）。
    A. 颜色图元   B. 视图图元
    C. 模型图元   D. 标注图元

42. 根据《国家新型城镇化规划（2014—2020）》，我国到2015年和2020年绿色建筑占城镇新建建筑的比例将分别达到（ ）和（ ）。
    A. 20%；30%   B. 20%；50%
    C. 30%；50%   D. 30%；60%

43. 2016年发布的《国务院办公厅关于大力发展装配式建筑的指导意见》指出，装配式建筑原则上应采用（ ）模式。
    A. 工程总承包   B. 施工总承包
    C. 设计和生产分别承包   D. 设计和施工分别承包

44. 装配率为60%~75%时，评价为（ ）级装配式建筑。
    A. A   B. AA   C. AAA   D. AAAA

45. 装配式钢结构建筑可以用于温度不高于（ ）的场合。
    A. 200℃   B. 250℃   C. 300℃   D. 450℃

46. 高层钢结构住宅是国内近期实践较多的钢结构住宅类型，高层钢结构住宅中应用最广泛的结构体系是（ ）。
    A. 钢框架—支撑体系   B. 钢框架—剪力墙体系
    C. 钢框架—核心筒体系   D. 钢框架体系

47. （ ）是指在全寿命期内，节约资源、保护环境、减少污染，为人们提供健康、适用、高效的使用空间，最大限度地实现人与自然和谐共生的高质量建筑。
    A. 一般建筑   B. 生态建筑
    C. 绿色建筑   D. 节能建筑

48. 智慧城市评价指标体系可分为能力类、成效类两类指标。下列不属于成效类一级指标的是（ ）。
    A. 社会管理   B. 服务便捷度
    C. 产业体系   D. 公共服务

49. （ ）是指为满足建筑物的应用与管理对信息通信的需求，将各类具有接收、交换、传输、处理、存储和显示等功能的信息系统整合，形成建筑物公共通信服务综合基础条件的系统。
    A. 信息化应用系统   B. 智能化集成系统
    C. 建筑设备管理系统   D. 信息设施系统

50. 建筑信息模型（BIM）是以（ ）为基础、集成工程项目各种相关信息的数据模型，是对工程项目相关信息的详尽表达，是对一个设施实体和功能特性的数字化表达方式。
    A. 3D打印   B. CAD技术
    C. 三维数字技术   D. 模拟技术

51. 下列关于风险管理流程，说法正确的是（ ）。
    A. 工程风险识别是风险管理的第一步
    B. 风险评价包括风险识别和风险估计
    C. 风险估计包括风险识别和风险评价
    D. 风险管理过程由风险估计、风险应对活动组成

52. 《建设工程质量保证金管理办法》（建质〔2017〕138号）规定，合同约定由承包人以银行保函替代预留保证金的，保函金额不得高于工程价款结算总额的（ ）。
    A. 2%   B. 3%
    C. 5%   D. 10%

53. 下列选项中，不属于监理实施细则内容的是（ ）。
    A. 专业工程特点   B. 监理工作要点
    C. 监理工作方法及措施   D. 监理工作计划

54. （ ）是指项目监理机构对工程的关键部位或关键工序的施工质量进行的监督活动。
    A. 平行检验   B. 巡视
    C. 旁站   D. 见证取样

55. 下列咨询设计服务单位风险中，属于来自业主或开发商的风险是（ ）。
    A. 咨询服务合同欠公平
    B. 勘察设计单位提供的设计方案不合理
    C. 工程咨询单位编制的投资估算不准
    D. 承包商偷工减料

56. 下列不属于基于BIM的工程预算的特点是（ ）。
    A. 基于模型的工程量计算和计价一体化
    B. 工程造价调整更加快捷
    C. 深化设计会增加额外费用产生
    D. BIM 5D辅助工程造价全过程管理

57. 下列不属于智慧城市顶层设计遵循的基本原则是（ ）。
    A. 以人为本   B. 绿色发展
    C. 局部带动整体发展   D. 多元参与

58. 人机共生下的全新工作模式的特征中，（　　）的首要特征是人的思维与机器运算思维的打通，其次是设计与建造的打通。
   A. 体内化
   B. 一体化
   C. 体外化
   D. 虚拟化/物质化的数字孪生

59. 下列不属于装配式木结构建筑的特点是（　　）。
   A. 具有良好的耗能性能
   B. 加工精度高
   C. 保温性能好
   D. 建造周期长

60. 发包人未经竣工验收擅自使用工程的，其竣工日期应自（　　）之日起算。
   A. 补充进行竣工验收
   B. 转移占有
   C. 承包人交付
   D. 发包人正式使用

二、多项选择题（共20题，每题2分。每题的备选项中，有2个或2个以上符合题意，至少有1个错项。错选，本题不得分；少选，所选的每个选项得0.5分）

61. 关于建筑市场运行机制的说法，正确的有（　　）。
   A. 建筑市场是以建筑产品作为交易对象的市场
   B. 建筑市场需求者主要有企业事业单位和个人两种类型
   C. 建筑市场需求者必须为预订建筑产品的生产提供资金
   D. 建筑市场需求与社会固定资产投资在总体上呈现负相关关系
   E. 建筑市场普遍存在供求不均衡状态

62. 关于房地产市场运行机制的说法，正确的有（　　）。
   A. 房地产市场主体有房地产需求者、房地产供给者、房地产中介
   B. 房地产市场客体有土地使用权、房屋所有权、房屋使用权
   C. 房地产需求包括消费性需求和投资性需求
   D. 投资性购房量控制在房地产交易总量的30%以下
   E. 一线城市房地产、二线城市房地产的区别体现了房地产市场属于区域性市场

63. 房地产投资项目的不确定性分析包括（　　）。
   A. 盈亏平衡分析
   B. 敏感性分析
   C. 需求分析
   D. 供给分析
   E. 风险分析

64. 风险管理过程包括（　　）。
   A. 风险识别
   B. 风险估计
   C. 风险评价
   D. 风险分析
   E. 风险应对

65. 房地产开发项目前期策划的主要内容有（　　）。
   A. 环境分析
   B. 营销策略
   C. 市场定位
   D. 运行建议
   E. 经济评价

66. 下列属于房地产开发项目可行性研究报告主要内容的有（　　）。
   A. 项目开发组织机构和管理费用的研究
   B. 规划设计方案的选择
   C. 环境影响评价
   D. 市场分析和建设规模的确定
   E. 项目经济指标的测算过程

67. 当工程网络计划的计算工期等于计划工期时，关于工作时差的说法，正确的有（　　）。
   A. 工作总时差为零，自由时差必定为零
   B. 工作自由时差为零，总时差必定为零
   C. 在不影响紧后工作最早开始时间的前提下，工作的机动时间为其自由时差
   D. 在不影响总工期的前提下，工作的机动时间为其自由时差
   E. 在不影响总工期的前提下，工作的机动时间为其总时差

68. 某工程双代号时标网络计划如下图所示（单位：月），当工程进行到7月底时，检查了该工程的实际进度并绘制了实际进度前锋线，实际进度结果表明（　　）。

   A. 工作D的实际进度拖后2个月，但不影响总工期
   B. 工作D的实际进度不影响其紧后工作
   C. 工作E的实际进度拖后1个月，但不影响其紧后工作
   D. 工作E的实际进度将使工期推迟1个月完成
   E. 该工程的实际进度将比计划进度推迟2个月完成

69. 建设工程勘察设计招标文件包括（　　）。
   A. 招标公告
   B. 投标人须知
   C. 工程量清单
   D. 标底
   E. 评标办法

70. 依法必须招标的项目，其评标委员会的组成应包括（　　）。
   A. 招标管理机构的代表
   B. 招标人的代表
   C. 经济方面的专家
   D. 投标人的代表
   E. 技术方面的专家

71. 见证取样涉及三方行为，这三方指的是（　　）。
   A. 设计方
   B. 勘察方
   C. 监测方
   D. 见证方
   E. 施工方

72. 下列职责中,属于总监理工程师职责的有( )。
   A. 组织召开监理例会
   B. 组织编写监理日志
   C. 负责编制监理实施细则
   D. 组织审核分包单位资格
   E. 签发工程款支付证书

73. 按照风险造成的后果分类,工程风险可分为( )。
   A. 经济风险
   B. 投机风险
   C. 社会风险
   D. 金融风险
   E. 纯粹风险

74. 下列属于装配式建筑发展基本原则的有( )。
   A. 坚持协调发展
   B. 坚持市场主导
   C. 坚持分区推进
   D. 坚持全面推广
   E. 坚持顶层设计

75. 按照建筑结构中主要预制承重构件连接方式的整体性不同,装配式混凝土建筑可分为( )。
   A. 装配式框架—现浇剪力墙结构
   B. 装配式剪力墙结构
   C. 装配式框架结构
   D. 装配整体式混凝土结构
   E. 全装配混凝土结构

76. 在工程施工合同履行过程中,属于变更范围的有( )。
   A. 改变合同工程的基线
   B. 改变合同中任何一项工作的施工时间
   C. 改变合同工程的位置
   D. 改变合同中任何一项工作的质量
   E. 重新检查隐蔽工程

77. 工程保险与传统的财产保险相比,具有的特征包括( )。
   A. 保障具有综合性
   B. 被保险人具有单一性
   C. 保险期限具有不确定性
   D. 保险金额具有变动性
   E. 风险具有特殊性

78. 基于BIM技术的施工进度计划编制流程的主要步骤有( )。
   A. 执行过程计价
   B. WBS施工任务分解
   C. 施工进度计划任务包
   D. 数据接口集成
   E. 形成4D进度计划

79. 下列系统中,属于智能建筑基本构成的有( )。
   A. 公共安全系统
   B. 信息化应用系统
   C. 项目管理系统
   D. 智能化系统机房工程
   E. 应急响应系统

80. 根据《绿色建筑评价标准》(GB/T 50378—2019),绿色建筑的特征有( )。
   A. "四节一环保"
   B. 建筑全寿命期绿色化
   C. 提供"健康、适用、高效"的使用空间
   D. 是与自然和谐共生的高质量建筑
   E. 能耗最低

三、案例分析题(共20题,每题2分,由单选和多选组成。错选,本题不得分;少选,所选的每个选项得0.5分)

(一)

某房地产开发企业拟建一幢自用办公楼,预计工程造价为2 000万元,准备采用邀请招标方式选择承包商,并在招标文件中要求投标人提交投标保证金。此外,为了评标工作的需要,拟组建由7人组成的评标委员会,其中该房地产开发企业总工程师、总经济师各1名,招标代理机构代表1名,其余4人是从专家名册中随机抽取的专家。

根据以上资料,回答下列问题:

81. 该房地产开发企业准备采用邀请招标方式的原因可能为( )。
   A. 节约招标费用
   B. 选择最有竞争力的承包商
   C. 减少风险
   D. 节省招标时间

82. 关于邀请招标的说法,错误的是( )。
   A. 不适宜公开招标的,经有关部门批准,可以进行邀请招标
   B. 招标人采用邀请招标方式的,应当向5个以上特定法人或其他组织发出投标邀请书
   C. 投标邀请书只要载明招标项目的相关信息即可,如性质、实施地点等
   D. 招标人不得以不合理的条件限制或排斥潜在投标人

83. 该项目的投标保证金最高为( )万元。
   A. 40
   B. 60
   C. 80
   D. 100

84. 拟组建的评标委员会组成存在的问题为( )。
   A. 评标委员会成员总数7人,未达到法定人数
   B. 评标委员会成员中有该房地产开发企业总经济师
   C. 评标委员会成员中有招标代理机构代表
   D. 评标委员会成员中专家人数未达到法定比例

85. 下列属于评标委员会应在评标中否决投标人投标的情形是( )。
   A. 投标人的所有制形式不符合要求
   B. 投标人的综合评分最低
   C. 投标报价高于招标文件设定的最高投标限价
   D. 投标报价超过标底上下浮动

(二)

某建设项目主要生产项目投资为2 000万元,辅助生产项目投资为500万元,公用工程投资为200万元,工程建设其他费用为300万元。建设项目流动资金为300万元。建设项目基本预备费率为12%,建设期价格上涨指数为5%(基本预备费计入涨价预备费计算基数)。项目建设前期年限为1年,项目建设期为2年。项目建设期第1年完成投资40%,第2年完成投资60%。建设期贷款1 200万元,其中第1年贷款480万元,第2年贷款720万元,贷款年利率为8%。

根据以上资料，回答下列问题：

86. 该建设项目基本预备费为（　　）万元。
   A. 240　　　　B. 360　　　　C. 380　　　　D. 400

87. 该建设项目涨价预备费为（　　）万元。
   A. 280.36　　B. 364.69　　C. 396.21　　D. 345.36

88. 该项目建设期利息约为（　　）万元。
   A. 87.94　　　B. 50.23　　　C. 70.54　　　D. 98.65

89. 关于该项目建设工程造价和建设投资的说法，正确的为（　　）。
   A. 该项目建设工程造价约为3 812.63万元
   B. 该项目建设投资为3 360.00万元
   C. 该项目建设工程造价为3 000.00万元
   D. 该项目工程费用为2 700.00万元

90. 在该项目的工程建设其他费用中，包含20万元可行性研究费。这笔费用属于工程建设其他费用中的（　　）。
   A. 与工程建设过程有关的费用
   B. 与工程未来生产经营有关的费用
   C. 土地使用费
   D. 其他补偿费

（三）

某建筑物准备进行节能改造，目前有A和B两个方案可以实现节能目标，现在正在研究A和B两个方案哪个有利的问题。节能改造的工程费用和年运行费用见下表，两种节能改造方案的寿命期皆为15年，15年后的处理价格为零，其他条件相同。已知：$(P/A, 10\%, 15) = 7.606$，$(A/F, 10\%, 15) = 0.031\ 47$，$(P/F, 10\%, 15) = 0.239\ 4$，$(F/P, 10\%, 15) = 4.177$。

工程费用和年运行费用表

方案	节能改造工程费用（万元）	每年运行费用（万元）
A	3 600	700
B	4 800	400

根据以上资料，回答下列问题：

91. 该建筑物节能改造方案属于（　　）类型。
   A. 独立方案　　　　　　　　B. 混合方案
   C. 寿命期相同的互斥方案　　D. 寿命期不同的互斥方案

92. 适于进行该建筑物节能改造方案选择的方法为（　　）。
   A. 最小公倍数法　　　　　　B. 净年值法
   C. 内部收益率法　　　　　　D. 差额净现值法

93. A节能改造方案的总费用现值为（　　）万元。
   A. 7 589.4
   B. 7 600.8
   C. 8 524.5
   D. 8 924.2

94. B节能改造方案的节能改造费和年运行费用总计相当于第15年年末的将来值为（　　）万元。
   A. 22 557.7　　B. 28 557.8　　C. 33 427.5　　D. 32 757.7

95. 如果其他数值不变，若使A、B两个方案优劣相同，B方案的年运行费用应为（　　）万元。
   A. 542.23　　B. 520.64　　C. 489.23　　D. 451.54

（四）

某建设项目，建设单位按照《标准施工招标文件》（2007年版）与施工单位签订了施工承包合同。在合同履行过程中发生了如下事件：

事件一：在施工合同履行过程中，由于发包人组织大型机械进场，意外造成承包人的一名人员工伤事故。

事件二：在施工合同履行过程中，遇到异常恶劣气候条件，导致工程全面停工3天，进度滞后。

事件三：在施工合同履行过程中，由于施工单位租赁的机械出现故障，引起了暂停施工。

事件四：在施工合同履行过程中，由承包人采购的材料，使用前已经按工程师的要求进行了抽检试验并标明质量合格。投入使用后，工程师发现由于材料原因已完工程的质量不符合标准要求。

根据以上资料，回答下列问题：

96. 事件一中，由于发包人组织大型机械进场，意外造成承包人的一名人员工伤事故，应由（　　）承担责任。
   A. 监理人　　　　　　B. 发包人
   C. 承包人　　　　　　D. 员工个人

97. 事件二中，由于异常恶劣天气影响，承包人申请延长工期，发包人应（　　）。
   A. 驳回　　　　　　　B. 不同意
   C. 同意　　　　　　　D. 不予置理

98. 事件三中，由于施工单位租赁的机械出现故障引起暂停施工，增加的费用和延误的工期由（　　）承担。
   A. 承包人　　　　　　B. 发包人
   C. 监理人　　　　　　D. 机械厂家

99. 事件四中，由于材料质量原因给工程造成的损失应由（　　）承担。
   A. 承包人　　　　　　B. 发包人
   C. 工程师　　　　　　D. 发包人和承包人

100. 施工准备阶段合同管理中，属于发包人义务的有（　　）。
   A. 负责办理取得出入施工场地的专用和临时道路的通行权
   B. 及时完成施工场地的征用、移民、拆迁工作
   C. 及时向承包人提供施工场地范围内地下管线和地下设施等有关资料
   D. 编制施工组织设计和施工进度计划

全国经济专业技术资格考试
《建筑与房地产经济专业知识与实务》(中级)
押题模拟试卷(六)

(考试时间90分钟 满分140分)

一、**单项选择题**(共60题,每题1分。每题的备选项中,只有1个最符合题意)

1. 下列不属于房地产开发项目决策步骤的是( )。
   A. 项目决策 B. 场地勘察
   C. 市场分析 D. 财务评价

2. 下列关于建筑市场运行特点的说法,错误的是( )。
   A. 竞争方式以投标竞争为主
   B. 建筑产品交易持续时间长
   C. 建筑市场存在显著地区性
   D. 供求均衡普遍存在

3. 人们购置房地产不直接用于生产经营和消费,而是在合适的时候转售或出租,以达到保值增值的目的,这是房地产需求中的( )。
   A. 生产性需求 B. 消费性需求
   C. 投资性需求 D. 不规则需求

4. 有A、B两个投资方案(假设投资期为1年),如果只向A方案投资1 500万元,收益为2 000万元;只向B方案投资2 500万元,收益为3 000万元;同时向A、B两个方案投资4 000万元,收益为5 000万元,则A、B两个方案为( )。
   A. 独立方案
   B. 寿命期相等的互斥方案
   C. 寿命期不等的互斥方案
   D. 混合方案

5. 提高产品价值最理想的途径是( )。
   A. 产品成本不变,提高产品的功能
   B. 产品功能大幅度提高,产品成本较少提高
   C. 产品功能保持不变,降低产品寿命周期成本
   D. 提高产品功能,降低产品成本

6. 某投资者以100万元购买了一店铺,其中60万元为银行提供的年利率为7%、期限为10年、按年等额还款的抵押贷款,年还款额8.54万元。该店铺的年租金收入为20万元,年经营成本为年租金收入的25%。该项投资的偿债备付率是( )。
   A. 1.32 B. 1.76 C. 1.88 D. 2.50

7. 下列经济评价指标中,属于房地产投资项目动态盈利性指标的是( )。
   A. 成本利润率 B. 销售利润率
   C. 利息备付率 D. 内部收益率

8. 下列不属于价值工程研究对象选择方法的是( )。
   A. 百分比法 B. ABC分析法
   C. 价值指数法 D. 倍比法

9. 从价值工程实践来看,决定价值工程成败的关键是( )。
   A. 方案创造 B. 功能评价
   C. 功能整理 D. 功能分类

10. 初步可行性研究也称为( )。
    A. 地区研究 B. 预可行性研究
    C. 投资机遇研究 D. 以资源为基础的研究

11. 下列不属于房地产开发项目前期策划原则的是( )。
    A. 约束性原则 B. 差异性原则
    C. 系统性原则 D. 动态调整原则

12. 下列属于有形产品定位的内容是( )。
    A. 功能组合策划 B. 户型设计策划
    C. 环境设计策划 D. 配套设施策划

13. 下列不属于房地产开发项目目标客户基本特征分析的是( )。
    A. 目标客户区域特征分析
    B. 目标客户家庭结构分析
    C. 目标客户年龄构成分析
    D. 目标客户性别分析

14. 房地产开发项目前期策划中,分析"为谁建"的关键任务是对项目进行( )。
    A. 价格定位 B. 产品定位
    C. 市场风险分析 D. 客户定位

15. 下列不属于房地产开发项目可行性研究报告主要内容的是( )。
    A. 项目开发组织机构和管理费用的研究
    B. 规划设计方案的选择
    C. 环境影响评价
    D. 项目经济指标的测算过程

16. 某建设项目采用资金周转率法估算建设投资,估算结果为5 000万元。已知该项目产品的年产量为60万吨,每吨产品价格为100元,则该项目的资金周转率为( )。
    A. 0.83 B. 1.20 C. 1.50 D. 1.80

17. 招标人按设计施工图纸计算的、对招标工程限定的最高工程造价称为( )。
    A. 招标控制价 B. 施工预算
    C. 标底 D. 施工图预算

18. 下列项目信息中,属于分部分项工程量清单必须载明的要件是( )。
    A. 项目综合单价 B. 项目总价
    C. 项目工料机消耗量 D. 项目特征

19. 下列属于应包含在工程量清单项目综合单价中的费用的是（　　）。
   A. 税金　　　　　　　　　　　　B. 规费
   C. 贷款　　　　　　　　　　　　D. 利润

20. 暂列金额是指招标人在工程量清单中暂定并包括在合同价款中的款项，在工程量清单中应列入（　　）。
   A. 措施项目清单　　　　　　　　B. 分部分项工程量清单
   C. 规费项目清单　　　　　　　　D. 其他项目清单

21. 某工程的双代号网络计划中，工作 M 的最早开始时间是第 21 天，其持续时间是 6 天，总时差为 4 天，则工作 M 的最迟完成时间是第（　　）天。
   A. 25　　　B. 27　　　C. 29　　　D. 31

22. 某工程的单代号网络计划中，工作 H 有三项紧后工作，工作 H 与各项紧后工作的时间间隔分别为 4 天、5 天、6 天，则工作 H 的自由时差为（　　）天。
   A. 4　　　B. 5　　　C. 6　　　D. 15

23. 在检查某工程网络计划实际执行情况时，发现工作 N 的实际进度比计划进度滞后 5 天，工作 N 的总时差和自由时差分别为 3 天和 1 天，则工作 N（　　）。
   A. 将使其紧后工作的最早开始时间推后 5 天
   B. 将使其紧后工作的最早开始时间推后 4 天
   C. 将使总工期延误 3 天
   D. 不会影响总工期

24. 在工程网络计划中，工作 H 的持续时间为 5 天，最早开始时间为第 6 天，该工作有三项紧后工作，最迟开始时间分别为第 15 天、第 16 天、第 17 天，则工作 H 的总时差是（　　）天。
   A. 4　　　B. 5　　　C. 6　　　D. 7

25. 下列不属于网络计划优化的是（　　）。
   A. 工期优化　　　　　　　　　　B. 费用优化
   C. 资源优化　　　　　　　　　　D. 质量优化

26. 某双代号网络计划中，工作 M 的持续时间为 6 天，最早完成时间为第 13 天，总时差为 7 天，则工作 M 的最迟开始时间为第（　　）天。
   A. 7　　　B. 10　　　C. 14　　　D. 18

27. 下列不属于施工合同按计价方式分类的是（　　）。
   A. 总价合同　　　　　　　　　　B. 单价合同
   C. 可调价格合同　　　　　　　　D. 成本加酬金合同

28. 根据不平衡报价法，下列可适当降低报价的项目是（　　）。
   A. 基础工程　　　　　　　　　　B. 土石方工程
   C. 前期措施费　　　　　　　　　D. 装饰工程

29. 下列属于评标委员会应在评标中否决投标人投标的情形是（　　）。
   A. 投标人的所有制形式不符合要求
   B. 投标人的综合评分最低
   C. 投标报价高于招标文件设定的最高投标限价
   D. 投标报价超过标底上下浮动

30. 下列属于招标人与投标人串通投标的情形是（　　）。
   A. 招标人向投标人发售招标文件
   B. 招标人授意投标人撤换文件
   C. 招标人向投标人进行图纸交底和解释
   D. 招标人组织投标人踏勘现场

31. 设计施工总承包合同履行管理中，符合专用合同条款约定的开始工作条件的，发包人应委托监理人提前（　　）天向承包人发出开始工作通知。
   A. 3　　　　　　　　　　　　　B. 7
   C. 14　　　　　　　　　　　　　D. 15

32. 下列性质中，不属于工程监理性质的是（　　）。
   A. 规范性　　　　　　　　　　　B. 服务性
   C. 科学性　　　　　　　　　　　D. 公平性

33. 工程监理单位转让工程监理业务的，责令改正，没收违法所得，处合同约定的监理酬金（　　）的罚款；可以责令停业整顿，降低资质等级；情节严重的，吊销资质证书。
   A. 5%以上15%以下　　　　　　B. 10%以上30%以下
   C. 20%以上50%以下　　　　　　D. 25%以上50%以下

34. 下列关于项目监理机构设立要求，说法错误的是（　　）。
   A. 设立项目监理机构应遵循适应、精简、高效原则
   B. 一名注册监理工程师不可担任一项工程监理合同的总监理工程师
   C. 工程规模较大、地域比较分散，可按工程地域设置总监理工程师代表
   D. 一个工程监理合同中包含多个相对独立的施工合同，可按施工合同段设总监理工程师代表

35. 下列选项中，不属于监理规划编制依据的是（　　）。
   A. 工程监理合同及施工、材料设备采购合同
   B. 工程项目有关审批文件
   C. 拟建工程外部环境调研资料
   D. 承包方要求

36. 下列情形中，不属于总监理工程师应及时签发工程暂停令的情况是（　　）。
   A. 施工单位将隐蔽工程隐蔽的
   B. 施工单位违反工程建设强制性标准的
   C. 施工存在重大质量、安全事故隐患或发生质量、安全事故的
   D. 建设单位要求暂停施工且工程需要暂停施工的

37. BIM 构件信息的（　　）特征，使 BIM 技术除具有一般 3D 模型的功能外，还可模拟建筑设施的一些非几何属性。
   A. 存量大　　　　　　　　　　　B. 时效性
   C. 多元化　　　　　　　　　　　D. 三维化

38. 下列选项中，不属于 BIM 技术应用标准的是（　　）。
   A. 效率标准　　　　　　　　　　B. 数据标准
   C. 内容标准　　　　　　　　　　D. 协同工作标准

39. 在建筑屋面或地下工程顶板的防水层上铺以种植土或设置容器种植植物,使其起到防水、保温、隔热和环保作用的屋面是( )。
   A. 架空通风屋面 B. 种植屋面
   C. 倒置式屋面 D. 蓄水屋面

40. 根据《"十三五"装配式建筑行动方案》,到2020年,全国装配式建筑占新建建筑的比例达到( )以上。
   A. 5% B. 10% C. 15% D. 20%

41. 下列选项中,不属于工程监理信息系统或信息平台的主要作用的是( )。
   A. 利用计算机数据处理功能,可快速、准确地处理工程监理所需要的信息
   B. 利用计算机网络技术,实现工程参建各方、各部门之间的信息共享和协同工作
   C. 利用计算机数据存储技术,存储和管理与工程项目有关的信息
   D. 利用计算机分析运算功能,可直观展示工程项目大量数据和信息

42. FIDIC《施工合同条件》适用于土木工程施工的合同形式是( )。
   A. 固定总价合同 B. 单价合同
   C. 成本加酬金合同 D. 调值总价合同

43. 下列建设工程中,必须实行工程监理的工程是( )。
   A. 总投资额为2 500万元的教育项目
   B. 建筑面积为30 000平方米的住宅建设工程
   C. 总投资额为2 000万元的商业项目
   D. 利用国际组织贷款的工程

44. 在工程项目决策阶段,属于业主或开发商承担的风险是( )。
   A. 政策风险
   B. 报价策略选择失当
   C. 设计疏忽与错误
   D. 施工方案选择失当

45. 下列不属于应用BIM进行建筑生态模拟分析的内容是( )。
   A. 自然通风模拟 B. 自然采光模拟
   C. 居住模拟 D. 能耗模拟

46. 根据《绿色建筑评价标准》(GB/T 50378—2019),下列不属于我国绿色建筑评价的内容是( )。
   A. 安全耐久 B. 生活便利
   C. 声音控制 D. 资源节约

47. 下列不属于外墙外保温工程优点的是( )。
   A. 适用范围广 B. 取材容易、施工方便
   C. 保护主体结构 D. 改善室内环境

48. 施工阶段工程款支付管理中,不属于进度付款申请单内容的是( )。
   A. 截至上次付款周期末已实施工程的价款
   B. 索赔金额
   C. 本次扣减的质量保证金
   D. 变更金额

49. 下列不属于在FIDIC《施工合同条件》实施过程中争端解决方式的是( )。
   A. 裁决 B. 仲裁
   C. 合同约定 D. 友好协商

50. 在工程监理的性质中,( )是工程监理单位公平实施监理的基本前提。
   A. 服务性
   B. 科学性
   C. 独立性
   D. 公平性

51. 总监理工程师不得委托给总监理工程师代表的工作是( )。
   A. 签发工程款支付证书
   B. 组织检查施工单位现场质量、安全生产管理体系的建立
   C. 组织召开监理例会
   D. 组织审查分包单位资格

52. 装配式钢结构住宅的系统解决方案的重点是( )。
   A. 抗震技术体系 B. 防白蚁技术体系
   C. 结构技术体系 D. 三板技术体系

53. ( )是将截面适当加工后的方木、原木在水平方向上层层叠加,并通过端部交叉咬合连接,围合成井字形墙体的木结构承重体系。
   A. 穿斗式结构 B. 抬梁式结构
   C. 井干式结构 D. 梁柱式木结构

54. 美国LEED评价体系中,LEED-H是面向( )评估。
   A. 新建筑
   B. 既有建筑营运管理
   C. 商业内部装修
   D. 住宅

55. 总建筑面积大于( )平方米的公共建筑或建筑高度超过100米的建筑所设置的应急响应系统,必须配置与上一级应急响应系统信息互联的通信接口。
   A. 10 000 B. 20 000 C. 30 000 D. 40 000

56. 下列工程监理责任险中,不属于相对责任免除的是( )。
   A. 不可抗力 B. 文件的损毁
   C. 图纸的灭失 D. 交叉责任

57. 下列不属于按照保障范围不同划分的工程保险的是( )。
   A. 建筑工程一切险 B. 职业责任保险
   C. 保证保险 D. 自愿保险

58. 下列关于风险预防的说法,错误的是( )。
   A. 风险预防常分为有形和无形两种手段
   B. 无形手段包括教育法和程序法
   C. 风险预防是一种被动的风险应对策略
   D. 用工程技术手段预防风险的措施有防止风险因素出现等

59. 工程勘察合同履行中，勘察服务期限自（　　）起算。
   A. 发包人支付定金
   B. 提交勘察服务资料
   C. 开始勘察通知中载明的开始勘察日期
   D. 实际勘察日期

60. 交付 BIM 模型和深化图纸时由建设单位质量管理者来执行验收，指的是 BIM 模型质量控制的（　　）环节。
   A. 质量验收　　　　　　　B. 事前质量控制
   C. 成果交付　　　　　　　D. 事后质量控制

二、多项选择题（共20题，每题2分。每题的备选项中，有2个或2个以上符合题意，至少有1个错项。错选，本题不得分；少选，所选的每个选项得0.5分）

61. 下列属于判定寿命期相等的互斥方案是否可行的指标有（　　）。
   A. 期望值　　　　　　　　B. 增量净现值
   C. 内部收益率　　　　　　D. 增量内部收益率
   E. 利税率

62. 下列属于可以提高产品价值途径的有（　　）。
   A. 功能提高，成本保持不变
   B. 功能提高，成本降低
   C. 功能不变，成本提高
   D. 功能不变，成本降低
   E. 功能提高的幅度大于成本提高的幅度

63. 设备工器具购置费用中，组成进口设备原价的税金有（　　）。
   A. 关税　　　　　　　　　B. 消费税
   C. 进口增值税　　　　　　D. 车辆购置税
   E. 营业税

64. 按我国现行规定，预备费的内容包括（　　）。
   A. 引进技术和进口设备其他费
   B. 基本预备费
   C. 涨价预备费
   D. 不可预见准备金
   E. 生产准备费

65. 在某单代号网络计划中，工作 C 的最早开始时间为第 8 周，持续时间为 6 周。其紧后工作 D 和 E 的最早开始时间分别为第 16 周和第 18 周，工作 D 和 E 的总时差分别为 3 周和 2 周，则工作 C 的（　　）。
   A. 自由时差为 2 周　　　　B. 自由时差为 4 周
   C. 总时差为 5 周　　　　　D. 总时差为 6 周
   E. 最迟完成时间为第 19 周

66. 关于网络计划中工作总时差的说法，正确的有（　　）。
   A. 工作总时差是在不影响其后续工作最早开始时间的前提下该工作可以利用的机动时间
   B. 工作总时差是在不影响其紧后工作最早开始时间的前提下该工作可以利用的机动时间
   C. 工作总时差是在不影响工程总工期的前提下该工作可以利用的机动时间
   D. 工作总时差等于该工作的最迟完成时间与最早完成时间之差
   E. 工作总时差等于该工作的最迟开始时间与最早开始时间之差

67. 当出现不可抗力导致人员伤亡、财产损失及其费用增加时，发承包双方的处理原则有（　　）。
   A. 承包人人员伤亡应由发包人负责，并承担相应费用
   B. 承包人施工机械设备损坏及停工损失，应由承包人承担
   C. 工程所需清理、修复费用，应由发包人承担
   D. 合同工程本身的损害应由发包人承担
   E. 因工程损害导致第三方财产损失，应由发包人承担

68. 下列属于工程勘察设计招标环节的有（　　）。
   A. 发布招标公告或发出投标邀请书
   B. 投标单位资格预审
   C. 编制和发售招标文件
   D. 递交招标文件
   E. 组织踏勘现场

69. 关于招标人设置投标限价的说法，正确的有（　　）。
   A. 在招标文件中可设置最高投标限价
   B. 投标限价必须保密
   C. 投标限价应规定浮动范围
   D. 不得规定最低投标限价
   E. 在招标文件中可明确最高投标限价的计算方法

70. 建设工程施工评标的初步评审的主要内容包括（　　）。
   A. 投标文件形式审查
   B. 投标资格审查
   C. 投标文件对招标文件的响应性审查
   D. 施工组织设计和项目管理设置的合理性审查
   E. 对技术部分和商务部分作进一步评审、比较

71. 美国建筑师学会（AIA）编制了众多的系列标准合同文本，下列系列对应正确的有（　　）。
   A. A 系列：业主与提供专业服务的建筑师之间的合同文本
   B. B 系列：业主与施工承包商、CM 承包商、供应商之间的文本
   C. C 系列：建筑师与提供专业服务的咨询机构之间的合同文本
   D. D 系列：建筑师行业所用的文件
   E. E 系列：合同和办公管理中使用的文件

72. BIM 技术的特征包括（　　）。
   A. 依赖 CAD 应用软件
   B. 信息存储结构具有多元化特征

C. 以参数化建模作为创建模型的主要技术
D. 以联合数据库的分类模型作为模型系统的实现方法
E. 以通用数据交换标准作为系统间信息交换的基础

73. 装配式组合结构建筑有助于发挥不同材料的优势。装配式组合结构的优点包括（　　）。
   A. 更好地实现建筑功能
   B. 更好地实现艺术表达
   C. 结构计算简单
   D. 可使施工更便利
   E. 对施工管理要求低

74. 下列选项中，属于城市节地途径的有（　　）。
   A. 适当降低公共建筑的建筑密度
   B. 适当建造多层、高层建筑
   C. 强调土地集约化利用
   D. 采用新型结构体系
   E. 开发利用地下空间

75. 下列职责中，属于专业监理工程师职责的有（　　）。
   A. 进行工程计量
   B. 组织审核分包单位资格
   C. 组织编写监理日志
   D. 组织验收分部工程
   E. 组织召开监理例会

76. 下列方法中，属于工程风险评价常用方法的有（　　）。
   A. 主观评分法 B. 等风险图法
   C. 蒙特卡洛法 D. 核对表法
   E. 头脑风暴法

77. 下列原则中，属于智慧城市评价指标设计应遵循的原则有（　　）。
   A. 导引性 B. 公平性
   C. 代表性 D. 规范性
   E. 系统性

78. 下列风险中，属于承包商在签约履约阶段承担的风险有（　　）。
   A. 合同管理不善
   B. 工程施工管理能力不足
   C. 分包单位管理水平低下
   D. 竣工验收时发现的质量问题
   E. 债权债务处理风险

79. 下列属于建设工程设计责任保险的有（　　）。
   A. 年度责任险 B. 第三者责任险
   C. 季度责任险 D. 项目责任险
   E. 多项工程保险

80. 装配式建筑应同时满足的条件有（　　）。
   A. 主体结构部分的评价分值不低于10分
   B. 采用全装修
   C. 围护墙和内隔墙部分的评价分值不低于20分
   D. 装配率不低于50%
   E. 围护墙和内隔墙部分的评价分值不低于10分

三、案例分析题（共20题，每题2分，由单选和多选组成。错选，本题不得分；少选，所选的每个选项得0.5分）

（一）

某公司生产单一产品，方案设计生产能力为30 000件，单位产品的销售价格为150元，单位产品的变动价格为60元，年固定成本为120万元，每件产品的税金为20元。

根据以上资料，回答下列问题：

81. 该项目产量的盈亏平衡点为（　　）件。
   A. 7 059 B. 8 000
   C. 13 333 D. 17 143

82. 该项目单位产品销售价格的盈亏平衡点为（　　）元。
   A. 40 B. 100
   C. 120 D. 180

83. 该项目的生产负荷率为（　　）。
   A. 44.14% B. 57.14%
   C. 59.24% D. 69.34%

84. 当项目达到设计生产能力后，每年可获利（　　）万元。
   A. 90 B. 120
   C. 150 D. 180

85. 关于盈亏平衡分析的说法，正确的是（　　）。
   A. 生产负荷率值越小，风险越小
   B. 盈亏平衡分析能够度量项目风险大小
   C. 盈亏平衡分析能够揭示产生项目风险的根源
   D. 通过降低盈亏平衡点可降低项目风险

（二）

某工程项目的双代号网络计划如下图所示。（时间单位：周）

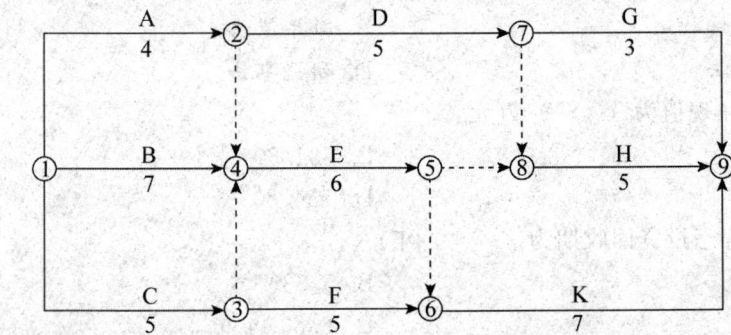

根据以上资料，回答下列问题：

86. 该工程项目进度计划的关键线路是（　　）。
   A. ①—②—⑦—⑨　　　　　　　　B. ①—④—⑤—⑧—⑨
   C. ①—④—⑤—⑥—⑨　　　　　　D. ①—③—⑥—⑨

87. 如果该工程项目在实施过程中进度正常，该项目可以在（　　）周内完成。
   A. 17　　　　B. 18　　　　C. 19　　　　D. 20

88. 工作A的总时差为（　　）周。
   A. 3　　　　B. 4　　　　C. 5　　　　D. 6

89. 在该网络计划中，工作F的总时差为（　　）天。
   A. 2
   B. 3
   C. 4
   D. 5

90. 下列关于工作G的时间参数的说法，正确的为（　　）。
   A. 工作G的最早完成时间为第12天
   B. 工作G的最早开始时间为第12天
   C. 工作G的最迟开始时间为第17天
   D. 工作G的总时差和自由时差相等

（三）

某项目有A、B、C三个互斥的方案，寿命期均为8年，基准收益率为9%，各方案的现金流量数据见下表。已知：$(P/A, 9\%, 8) = 5.5348$，$(P/F, 9\%, 8) = 0.5019$。

方案	期初投资（万元）	每年净收益（万元）	预计净残值（8年后）（万元）
A	5 000	1 000	200
B	7 000	1 200	300
C	8 000	1 550	400

根据以上资料，回答下列问题：

91. 可用于该方案进行比选的方法是（　　）。
   A. 最小公倍数法
   B. 净年值法
   C. 净现值法
   D. 研究期法

92. 如果A、B、C三个方案的寿命期不同，则可用于比选的方法是（　　）。
   A. 最小公倍数法　　　　　　B. 净年值法
   C. 净现值法　　　　　　　　D. 研究期法

93. A方案的净现值为（　　）万元。
   A. 434.42　　　　　　B. 534.80
   C. 635.18　　　　　　D. 734.80

94. B方案的静态投资回收期为（　　）年。
   A. 5.71　　　　　　　B. 5.83
   C. 6.17　　　　　　　D. 6.89

95. 该公司最终应选择（　　）。
   A. A方案　　　　　　　B. B方案
   C. C方案　　　　　　　D. 无法确定

（四）

某开发商拟开发一栋商住楼，有三种可行的设计方案。甲方案的单方造价为1 437.58元/平方米，乙方案的单方造价为1 108.00元/平方米，丙方案的单方造价为1 081.80元/平方米。经专家论证设置了F_1、F_2、F_3、F_4、F_5五个功能领域，该五项功能指标的重要程度排序为$F_4 > F_1 > F_3 > F_5 > F_2$。经计算，甲、乙、丙方案的功能系数分别为0.360、0.344、0.296。

根据以上资料，回答下列问题：

96. 价值工程的三要素是（　　）。
   A. 价值　　　　　　　B. 环境
   C. 功能　　　　　　　D. 成本

97. 乙方案的成本系数为（　　）。
   A. 0.245　　　　　　B. 0.287
   C. 0.305　　　　　　D. 0.315

98. 甲方案的价值系数为（　　）。
   A. 0.909　　　　　　B. 0.886
   C. 1.011　　　　　　D. 0.992

99. 丙方案的价值系数为（　　）。
   A. 0.998　　　　　　B. 0.993
   C. 1.102　　　　　　D. 1.021

100. 该开发项目的最优方案是（　　）。
    A. 甲方案　　　　　　B. 乙方案
    C. 丙方案　　　　　　D. 无法确定

参考答案及解析

2020年《建筑与房地产经济专业知识与实务》(中级) 机考真题汇编

一、单项选择题

1. B【解析】招标的方式有公开招标和邀请招标。可以邀请招标的项目包括：①技术复杂、有特殊要求或者受自然环境限制，只有少量潜在投标人可供选择；②采用公开招标方式的费用占项目合同金额的比例过大。

2. C【解析】装配式建筑评价等级应划分为A级、AA级、AAA级，并应符合：①装配率为60%~75%时，评价为A级装配式建筑；②装配率为76%~90%时，评价为AA级装配式建筑；③装配率为91%及以上时，评价为AAA级装配式建筑。

3. D【解析】监理工作内容之一是：收到工程设计文件后编制监理规划，并在第一次工地会议7天前报委托人。根据有关规定和监理工作需要，编制监理实施细则。

4. B【解析】按表达形式划分，工程网络计划可分为双代号网络计划和单代号网络计划。

5. B【解析】装配式钢结构住宅的关键是需要整体解决方案，三板技术体系成为系统解决方案的重点。所谓三板技术体系，包括楼面体系、屋面体系和墙体体系。

6. D【解析】进口设备原价=货价+国际运费+国际运输保险费（CIF到岸价）+银行财务费+进口代理手续费+关税+进口增值税+消费税+车辆购置税，则该进口设备原价=20×(1+15%)×(1+13%)×7.1≈184.53（万元）。

7. D【解析】国际运费=运量×单位运价=400×1 000=400 000（美元）=40（万美元），运输保险费=$\frac{原币货价（FOB价）+国外运费}{1-保险费率}×保险费率=\frac{200+40}{1-2‰}×2‰×7.1≈3.41$（万元）。

8. A【解析】容积率是项目规划建设用地范围内总建筑面积与规划建设用地面积的比例。选项B是建筑密度的概念；选项C是绿地率的概念；选项D是居住人口密度的概念。

9. B【解析】合同协议书与下列文件一起构成合同文件：①中标通知书；②投标函及投标函附录；③专用合同条款；④通用合同条款；⑤发包人要求；⑥价格清单；⑦承包人建议；⑧其他合同文件。各文件互相补充和解释，如有不明确或不一致之处，以合同约定次序在先者为准。

10. A【解析】履约担保采用保函形式，担保期限自发包人与承包人签订合同之日起，至签发工程移交证书日止。

11. C【解析】剪力墙结构建筑自重大、空间分隔固定、建筑空间布置不灵活，选项A、D错误。剪力墙结构比框架结构刚度大，空间整体性好，水平荷载下的结构位移小，房屋适用高度较大，抗震性能良好，选项B错误、选项C正确。

12. D【解析】招标人可对已发出的资格预审文件或招标文件进行必要的澄清或修改。若修改内容影响文件编制，招标人应在提交资格预审文件截止时间至少3日前，或投标截止时间至少15日前，以书面形式通知所有潜在投标人。

13. A【解析】建筑工程保险费率的组成：①建筑工程、业主提供的物料及项目、安装工程、场地清理费、工地内已有建筑物等各项为一个总费率，整个工期内实行一次性费率；②第三者责任险费率，实行整个工期一次性费率；③各种附加保障实行整个工期一次性费率；④施工用机械、工具及设备为单独的年费率，保险期限不足一年的，按短期费率计收保费；⑤整个保证期实行一次性费率。

14. A【解析】BIM项目不同参与方通过基本模型获取所需的信息来完成自己的专业模型，然后将各自成果通过IFC格式交换反馈到信息模型中，传递到下一个阶段以供使用和参考。

15. D【解析】增值税有两种计税方式：①一般计税方式，增值税税率为9%，计算公式为：增值税=税前工程造价×9%；税前工程造价=人工费+材料费+施工机具使用费+企业管理费+利润+规费，各项费用项目以不包含增值税可抵扣进项税额的价格计算。②简易计税方法，增值税税率为3%，计算公式为：增值税=税前工程造价×3%，各项费用项目以包含增值税可抵扣进项税额的价格计算。

16. A【解析】施工合同包括单价合同、总价合同、成本加酬金合同。其中，总价合同适用于合同工期较短、建设规模较小、技术难度较低，且施工图设计已审查完备的建设工程，建设单位造价易控制，应用范围广泛。

17. A【解析】监理人查验施工承包人的施工测量放线成果，选项B错误。监理人审查施工承包人提交的施工进度计划，核查施工承包人对施工进度计划的调整，选项C错误。监理人参加工程竣工验收，签署竣工验收意见，选项D错误。

18. C【解析】房地产市场需求是指在特定时期内，一定价格水平上，愿意购买且能够购买的房地产商品量。

19. A【解析】招标人设有最高投标限价的，应当在招标文件中明确最高投标限价或者最高投标限价的计算方法，且不应上调或下浮，选项B、C错误。招标报价不得高于招标文件设定的最高投标限价，选项D错误。

20. B【解析】英国NEC合同文本结构包括核心条款、主要选项条款、次要选项条款。核心条款是施工合同的基础和框架。主要选项条款是对核心条款的补充和细化，主要包括：①选项A：带有分项工程表的标价合同。②选项B：带有工程量清单的标价合同。③选项C：带有分项工程表的目标合同。④选项D：带有工程量清单的目标合同。

21. C【解析】装配化装修技术的特征包括：①干式工法装配；②管线与结构分离；③部品集成定制。

22. A【解析】地源热泵是一种利用地下浅层地热资源既能供热又能制冷的高效节能环保型空调系统。

23. C【解析】外墙外保温工程是指将外保温系统通过施工或安装固定在外墙外表面上所形成的建筑构造实体。其优点是适用范围广、保温隔热效果好、保护主体结构、改善室内环境；缺点是一旦出现裂缝等质量问题时维修比较困难。

24. C【解析】工程项目构思策划的内容包括工程项目定义和定位、工程项目系统构成、工程项目目标系统、其他构思策划。其中，工程项目定义和定位是工程项目构思策划的首要任务。

25. A【解析】根据公式，$A=P\times\dfrac{i(1+i)^n}{(1+i)^n-1}=1\,000\times\dfrac{6\%(1+6\%)^8}{(1+6\%)^8-1}\approx161.04$（万元）。

26. C【解析】$F=P\times(1+i)^{10}=50\times(1+6\%)^{10}\approx89.54$（万元）。

27. B【解析】$A=F\times(A/F,i,n)=30\times(A/F,5\%,5)\approx5.429$（万元）。

28. B【解析】$Q^*=F/(P-V)=460\,000/(56-25-56\times10\%)\approx18\,110$（件）。

29. C【解析】某工作的最早开始时间是其各紧前工作最早完成时间的最大值，即工作D的最早开始时间$=\max\{(25+3),(21+8),(19+7)\}=29$（周）。

30. D【解析】$Q^*=F/(P-V)=660\,000/[400-(180+20)]=3\,300$（台）；生产负荷率$=Q^*/Q_0\times100\%=3\,300/5\,000\times100\%=66\%$。

31. A【解析】联合体各方均应具备承担招标项目的相应能力。由同一专业的单位组成的联合体，按照资质等级较低的单位资质等级。

32. A【解析】自由时差等于本工作与所有紧后工作之间的时间间隔的最小值，本工作最早开始时间为第18天，持续时间为5天，则最早完成时间为第23天，故自由时差$=\min\{(28-23),(30-23),(32-23)\}=5$（天）。

33. A【解析】按照概算法分类，建设投资由工程费用、工程建设其他费用和预备费三部分构成。工程费用由设备工器具购置费、建筑与安装工程费构成。工程建设其他费用由土地使用费和其他补偿费、与项目建设有关的其他费用以及与工程未来生产经营有关的其他费用。预备费包括基本预备费和涨价预备费两部分。

34. A【解析】根据资产周转率法的计算公式，总投资额=产品的年产量×产品单价/资金周转率，则该项目总投资额$=300\,000\times0.04/1.5=8\,000$（万元）。

35. A【解析】流动资金估算一般采用分项详细估算法，个别情况或者小型项目可采用扩大指标法。（"扩大指标法"在新教材中修改为"扩大指标估算法"）

36. D【解析】总时差=最迟完成时间-最早完成时间=4（天），最早完成时间=最早开始时间+持续时间=21+6=27。因此，最迟完成时间=27+4=31。

37. A【解析】工作实际进度滞后期超过了该工作的总时差和自由时差，使得其紧后工作的最早开始时间推迟5-1=4（周），总工期延误5-3=2（周）。

38. D【解析】装配式建筑评价的最低标准包括：①装配率不应低于50%；②应采用全装修；③主体结构部分的评价分值不应低于20分；④围护墙和内隔墙部分的评价分值不应低于10分。

39. A【解析】基本预备费又称不可预见费，是指在工程实施时可能发生的难以预料、需要预留的费用，主要指设计变更及施工过程中可能增加工程量的费用。

40. B【解析】5年后设备更新所需资金600万元相当于终值F，每年年末均等的存款相当于年值A，则$A=F\times(A/F,5\%,5)=600\times0.180\,97\approx108.58$（万元）。

41. D【解析】涨价预备费的计算公式为$PF=\sum_{t=1}^{n}I_t[(1+f)^t-1]$，第一年的投资额为$1\,000$万元，价格上涨指数为5%，第一年的涨价预备费$=1\,000\times[(1+5\%)^1-1]=50$（万元），第二年涨价预备费$=500\times[(1+5\%)^2-1]=51.25$（万元），则涨价预备费$=50+51.25=101.25$（万元）。

42. C【解析】招标人有下列行为之一的，属于以不合理条件限制、排斥潜在投标人或者投标人：①就同一招标项目向潜在投标人或者投标人提供有差别的项目信息；②设定的资格、技术、商务条件与招标项目的具体特点和实际需要不相适应或者与合同履行无关；③依法必须进行招标的项目以特定行政区域或者特定行业的业绩、奖项作为加分条件或者中标条件；④对潜在投标人或者投标人采取不同的资格审查或者评标标准；⑤限定或者指定特定的专利、商标、品牌、原产地或供应商；⑥依法必须进行招标的项目非法限定潜在投标人或者投标人的所有制形式或者组织形式；⑦以其他不合理条件限制、排斥潜在投标人或者投标人。

43. B【解析】根据公式，静态投资回收期=期初一次投资额/年净收益$=2\,600/580\approx4.48$（年）。

44. D【解析】根据公式：$A=F\times i/[(1+i)^n-1]$，可知每年年末存款额$=1\,200\times(A/F,4\%,4)=1\,200\times0.23\,549\approx282.59$（万元）。

45. D【解析】根据盈亏平衡点的公式，$Q^*=F/(P-V)=36\,000\,000/[6\,800-(800+200+2\,800)]=12\,000$（件）；$BEP=Q^*/Q_0\times100\%=12\,000/16\,000\times100\%=75\%$。

46. C【解析】在初步评审中，评标委员会应当否决投标的情形有：①投标文件未经投标单位盖章和单位负责人签字；②投标联合体没有提交共同投标协议；③投标人不符合国家或者招标文件规定的资格条件；④同一投标人提交两个以上不同的投标文件或投标报价，但招标文件要求提交备选投标的除外；⑤投标报价低于成本或者高于招标文件设定的最高投标限价；⑥投标人有串通投标、弄虚作假、行贿等违法行为；⑦投标文件没有对招标文件的实质性要求和条件作出响应。

47. B【解析】招标人与投标人串通投标的情形有：①招标人在开标前开启投标文件并将有关信息泄露给其他投标人，或者授意投标人撤换、修改投标文件；②招标人直接或者间接向投标人泄露标底、评标委员会成员等信息；③招标人明示或者暗示投标人压低或者抬高投标报价；④招标人明示或者暗示投标人为特定投标人中标提供方便；⑤招标人与投标人为谋求特定投标人中标而采取的其他串通行为。

48. B【解析】根据建设期利息计算公式：$q_j=\left(P_{j-1}+\dfrac{1}{2}A_j\right)i$，代入公式得出：第一年利息$=(0+1/2\times400)\times6\%=12$（万元）；第二年利息$=(400+12+1/2\times400)\times6\%=36.72$（万元）；第三年利息$=(400+12+400+36.72+1/2\times400)\times6\%\approx62.92$（万元）。因此，建设期贷款利息$=12+36.72+62.92=111.64$（万元）。

49. B【解析】暂估价是指招标人在工程量清单中提供的用于支付必然发生但暂时不能确定价格的材料、工程设备的单价以及专业工程的金额，包括材料暂估单价、工程设备暂估单价、专业工程暂估价。

50. A【解析】工作M的自由时差等于该工作与其紧后工作之间的时间间隔的最小值，即$\min\{3,5,6\}=3$（天）。

51. A【解析】不确定性分析的方法主要包括敏感性分析和盈亏平衡分析。

52. A【解析】核心产品定位功能组合策划包括住宅类型策划、设施设备策划、室内装修策划。

53. B【解析】一星级、二星级、三星级三个等级的绿色建筑均应满足《绿色建筑评价标准》全部控制项的要求，且每类指标的评分项得分不应小于其评分项满分值的30%。

54. A【解析】该方案的功能得分$=0.2\times10+0.1\times9+0.3\times9+0.4\times8=8.8$。

55. A【解析】投标保证金不得超过招标项目估算价的2%，即1 000×2%＝20（万元）。
56. B【解析】工程监理性质可概括为服务性、科学性、独立性和公平性。其中，公平性是工程监理行业能够长期生存和发展的基本职业道德准则。
57. D【解析】美国LEED评价体系中，申请项目在满足所有评估前提条件后，评估结果按照评估要点和创新分的满足情况分为四个认证级别：认证级满足至少40%的评估点要求；银级满足至少50%的评估点要求；金级满足至少60%的评估点要求；白金级满足至少80%的评估点要求。
58. D【解析】倍比法是指比较评价对象之间的相关性来评定功能评价系数。
59. B【解析】《"十三五"装配式建筑行动方案》规定，到2020年，培育50个以上装配式建筑示范城市，200个以上装配式建筑产业基地，500个以上装配式建筑示范工程，建设30个以上装配式建筑科技创新基地，充分发挥示范引领和带动作用。
60. B【解析】"建什么"解决项目定位和产品定位问题。

二、多项选择题

61. BCD【解析】建筑市场运行特点包括：①建筑产品是需求者向供给者进行预先订货式交易的产物。②建筑产品交易持续时间长。③建筑市场存在显著地区性。④市场竞争较为激烈。建筑业属于劳动密集型行业，技术和资本构成较低，建筑市场呈现出比较明显的买方市场特点，卖方竞争激烈。⑤竞争方式以投标竞争为主。⑥供求不均衡普遍存在。⑦交易计价方式独特。⑧建筑市场风险大。
62. AB【解析】招标控制价由分部分项工程费、措施项目费、其他项目费、规费和税金组成。各项费用的编制要求包括：①分部分项工程和措施项目中的单价项目，应根据拟定的招标文件和招标工程量清单项目中的特征描述及有关要求确定综合单价计算。②措施项目中的总价项目，应根据拟定的招标文件中的措施项目清单，按计价规范中的相关规定计算。③其他项目。暂列金额应按招标工程量清单中列出的金额填写；暂估价中的材料、工程设备单价应按招标工程量清单中列出的单价计入综合单价，暂估价中的专业工程金额应按招标工程量清单中列出的金额填写；计日工应按招标工程量清单中列出的项目，根据工程特点和有关计价依据确定综合单价计算；总承包服务费应根据招标工程量清单中列出的内容和要求估算。④规费和税金应按工程量清单计价规范相应的规定计算。
63. ACD【解析】工程项目实施策划包括工程项目的组织策划、融资策划、目标策划、实施过程策划、运营策划。
64. BD【解析】依法必须进行招标的项目的境内投标单位，以现金或者支票形式提交的投标保证金应当从投标人基本账户转出，选项A错误。投标保证金有效期应当与投标有效期一致，选项C错误。投标保证金不属于招标文件应载明的事项，选项E错误。
65. CE【解析】设备购置费＝设备原价＋设备运杂费。设备原价是指国产设备原价或进口设备原价（即抵岸价格）。进口设备原价＝货价（FOB）＋国际运费＋国际运输保险费＋银行财务费＋进口代理手续费＋关税＋进口增值税＋消费税＋车辆购置税。设备运杂费是指设备原价中未包括的包装和包装材料费、运输费、装卸费、采购费及仓库保管费之和。若设备是由设备成套公司供应，也包括成套公司的服务费。
66. ABE【解析】装配式组合结构的优点包括：①可以更好地实现建筑功能；②可以更好地实现艺术表达；③可使结构优化；④可使施工更便利。缺点或局限性包括：①结构计算复杂，有的装配式组合结构无适宜的受力模型和计算软件对应；②不同材料构件的连接设计缺少标准支持；③制作和施工安装需要更紧密的协同；④对施工管理要求高。
67. ABE【解析】除专用合同条款另有约定外，主要勘察人员包括项目负责人、勘探负责人、试验负责人等，作业人员包括勘探描述（记录）员、机长、观测员、试验员等。
68. ABE【解析】总监理工程师不得将下列工作委托给总监理工程师代表：①组织编制监理规划，审批监理实施细则；②根据工程进展及监理工作情况调配监理人员；③组织审查施工组织设计、（专）施工方案；④签发工程开工令、暂停令和复工令；⑤签发工程款支付证书，组织审核竣工结算；⑥调解建设单位与施工单位的合同争议，处理工程索赔；⑦审查施工单位的竣工申请，组织工程竣工预验收，组织编写工程质量评估报告，参与工程竣工验收；⑧参与或配合工程质量安全事故的调查和处理。
69. ACDE【解析】可再生能源是指风能、太阳能、水能、生物质能、地热能、海洋能等非化石能源。
70. ACE【解析】内部收益率指标的优点包括：①考虑了资金时间价值，并全面考虑了项目在整个计算期的经济状况；②能够直接衡量项目未回收投资的收益率；③与净现值相比，内部收益率计算不受基准收益率等参数的影响，其结果完全取决于项目现金流量。其不足包括：①内部收益率计算比较烦琐；②对于具有非常规现金流量的项目来讲，其内部收益率可能不是唯一的，在某些情况下甚至不存在。
71. DE【解析】房地产开发流程包括：①投资决策阶段，包括房地产开发机会选择、房地产开发项目决策（市场分析、财务评价、项目决策）；②前期准备阶段，包括取得建设用地使用权、委托场地勘察、委托规划设计、申请规划设计方案审查和建设工程规划许可、工程建设准备、申请施工许可；③开发建设阶段，包括施工管理、商品房预售、竣工验收和备案、商品房初始登记。
72. ADE【解析】价值工程研究对象选择方法包括百分比法、价值指数法、ABC分析法。
73. ABDE【解析】勘察纲要的内容包括：①勘察工程概况；②勘察范围、勘察内容；③勘察依据、勘察工作目标；④勘察机构设置（框图）、岗位职责；⑤勘察说明和勘察方案；⑥拟投入的勘察人员、勘察设备；⑦勘察质量、进度、保密等保证措施；⑧勘察安全保证措施；⑨勘察工作重点、难点分析；⑩对本工程勘察的合理化建议。
74. ADE【解析】项目监理机构发现下列情况之一时，总监理工程师应及时签发工程暂停令：①建设单位要求暂停施工且工程需要暂停施工的；②施工单位未经批准擅自施工或拒绝项目监理机构管理的；③施工单位未按审查通过的工程设计文件施工的；④施工单位违反工程建设强制性标准的；⑤施工存在重大质量、安全事故隐患或发生质量、安全事故的。
75. ADE【解析】建筑意外伤害保险应当覆盖施工项目，是指施工单位在施工现场从事施工作业和管理的人员受到的意外伤害，以及由于施工现场施工直接给其他人员造成的意外伤害。已在企业所在地参加工伤保险的人员，从事现场施工时仍可参加施工人员意外伤害保险。选项B错误。建筑意外伤害保险期限应从工程项目被批准正式开工,且投保人已缴付保险费的次日(或约定起保日)零时起,至施工合同规定的工程竣工之日24时止。提前竣工的,保险责任自行终止。选项C错误。

76. CD【解析】工作D的实际进度拖后2周,紧后工作F有1周的自由时差,会使总工期延后1周,选项A错误。工作C的实际进度拖后2周,紧后工作H有两周的自由时差,不会影响总工期,选项B错误。工作E的实际进度拖后1周,选项E错误。

77. ACD【解析】工程风险评价常用方法包括主观评分法、蒙特卡洛法、等风险图法。

78. ADE【解析】财务分析基本报表主要有项目投资现金流量表、项目资本金现金流量表、投资各方现金流量表、利润与利润分配表、财务计划现金流量表、资产负债表、借款还本付息计划表。

79. ABCD【解析】建设项目财务评价与国民经济评价的区别:①评价的角度不同;②效益和费用的含义及划分范围不同;③评价采用的价格不同;④主要参数不同。

80. AE【解析】工作总时差是不影响工程总工期前提下该工作可以利用的机动时间,等于该工作的最迟完成时间与最早完成时间之差或者最迟开始时间与最早开始时间之差。

三、案例分析题

(一)

81. B【解析】基本预备费=(工程费用+工程建设其他费用)×基本预备费率=(3 000+2 000+1 000)×8%=480(万元)。

82. D【解析】建设期第一年涨价预备费 PF_1=(3 000+2 000+1 000+480)×40%×[(1+5%)(1+5%)$^{0.5}$-1]≈196.81(万元)。建设期第二年涨价预备费 PF_2=(3 000+2 000+1 000+480)×60%×[(1+5%)(1+5%)$^{0.5}$-1]≈504.38(万元)。涨价预备费合计 PF=196.81+504.38=701.19(万元)。

83. D【解析】建设期第一年利息 $q_1=\left(P_0+\dfrac{1}{2}A_1\right)\times i=\left(0+\dfrac{1}{2}\times 500\right)\times 8\%=20$(万元)。建设期第二年利息 $q_2=\left(P_1+\dfrac{1}{2}A_2\right)\times i=\left(500+20+\dfrac{1}{2}\times 800\right)\times 8\%=73.6$(万元)。建设期利息合计 $q=q_1+q_2=20+73.6=93.6$(万元)。

84. AB【解析】工程费用=设备及工器具购置费用+建筑安装工程费用=3 000+2 000=5 000(万元),选项A正确。建设投资=工程费用+工程建设其他费用+预备费=5 000+1 000+480+701.19=7 181.19(万元),选项B正确。建设项目总投资=建设投资+建设期利息+流动资产投资=7 181.19+93.6+600=7 874.79(万元),选项C错误。固定资产投资=建设项目总投资-流动资产投资=7 874.79-600=7 274.79(万元),选项D错误。

(二)

85. BD【解析】墙体自保温技术的优点包括:①适用范围广;②夹心保温等。缺点包括:①对于寒冷、严寒地区的墙体会偏厚;②框架及节点部分易产生热桥现象。

86. D【解析】倒置式屋面是指将保温层设置在防水层的上面。其构造由结构层、找坡层、找平层、防水层、保温层及保护层组成。这种屋面对保温材料有特殊要求,需

使用具有吸湿性低、耐气候性强的憎水材料作为保温层(如聚苯乙烯泡沫塑料板或聚氯酯泡沫塑料板),并在保温层上加设钢筋混凝土、卵石、砖等较重的覆盖层。

87. D【解析】太阳能热水系统是利用太阳能集热器,收集太阳辐射能把水加热的一种装置,是目前太阳热能应用发展中最具经济价值、技术最成熟且已商业化的一项应用产品。

88. B【解析】绿色建筑评价总得分 $Q=(Q_0+Q_1+Q_2+Q_3+Q_4+Q_5+Q_A)/10=(400+63+60+75+73+72+62)/10=80.5$(分)。当总得分分别达到60分、70分、85分且满足绿色建筑技术要求表的要求时,绿色建筑等级分别为一星级、二星级、三星级。因此,本住宅小区应评为二星级。

(三)

89. D【解析】招标人对已发出的招标文件进行澄清或者修改的,应在提交投标文件截止时间至少15日前,以书面形式通知所有招标文件收受人。

90. B【解析】合同计价方式选择包括单价合同、总价合同、成本加酬金合同。实行工程量清单计价的工程,采用单价合同。

91. BD【解析】投标文件形式审查包括:①提交的营业执照、资质证书、安全生产许可证是否与投标单位的名称一致;②投标函是否经法定代表人或其委托代理人签字并加盖单位章;③投标文件的格式是否符合招标文件要求;④联合体投标人是否提交了联合体协议书,联合体的成员组成与资格预审的成员组成有无变化,联合体协议书的内容是否与招标文件要求一致;⑤报价的唯一性。

92. B【解析】承包人索赔原因及可补偿内容见下表。

序号	索赔原因	可补偿内容		
		工期	费用	利润
1	异常恶劣的气候条件	√		
2	不可抗力不能按期竣工	√		
3	不可抗力停工期间的照管和后续清理		√	
4	发包人提供的材料和工程设备提前交货		√	
5	附加浮动引起的价格调整		√	
6	法规变化引起的价格调整		√	
7	文物、化石	√	√	
8	不利的物质条件	√	√	
9	发包人原因试运行失败,承包人修复		√	√
10	监理人的指示延误或指示错误	√	√	√
11	发包人提供材料和工程设备不符合合同要求	√	√	√
12	基准资料错误	√	√	√
13	增加合同工作内容	√	√	√
14	改变合同中任何一项工作质量要求或其他特性	√	√	√
15	发包人迟延提供材料、工程设备或变更交货地点	√	√	√
16	因发包人原因导致暂停施工	√	√	√

续表

序号	索赔原因	可补偿内容		
		工期	费用	利润
17	提供图纸延误	√	√	√
18	未按合同约定及时支付预付款、进度款		√	√
19	发包人原因的暂停施工	√	√	√
20	发包人原因无法按时复工	√	√	√
21	发包人原因导致工程质量缺陷		√	√
22	隐蔽工程重新检验质量合格	√	√	
23	发包人提供的材料和设备不合格，承包人采取补救措施	√	√	
24	对材料或设备重新试验或检验证明质量合格	√	√	
25	发包人提前占用工程导致承包人费用增加		√	√
26	因发包人违约承包人暂停施工	√	√	√

（四）

93. C 【解析】增量净现值（ΔNPV）法也称为差额净现值法，即用投资大的方案各年净现金流量减去投资小的方案各年净现金流量，计算差额净现值 ΔNPV。

$\Delta NPV_{B-A} = -100 + 30 \times \dfrac{(1+13\%)^5 - 1}{13\%(1+13\%)^5} \approx 5.52$（万元）。

94. B 【解析】内部收益率是指使项目计算期内各年净现金流量的现值之和等于零时的折现率，也就是使项目净现值等于零时对应的折现率。计算公式：$NPV(IRR) = \sum_{t=0}^{n}(CI-CO)_t(1+IRR)^{-t} = 0$。内部收益率的经济含义：在 IRR 这一利率水平下，到项目计算期结束时，项目的净收益刚好将投资全部回收。它取决于项目内部，是项目对贷款利率的最大承受能力。净现值 $NPV(i)$ 与折现率 i 之间存在减函数关系。本题中，当折现率取 12% 时，净现值为 -0.27 万元，当折现率取 10% 时，净现值为 15.6 万元，若使项目净现值等于零，则折现率应该小于 12%，大于 10%，且更贴近 12%。内部收益率与净现值对项目的评价结论一致。选项 B 正确。

95. B 【解析】根据第 93 题的计算结果可知，乙方案可选。

96. BD 【解析】寿命期不同的互斥方案比选常用方法包括最小公倍数法、净年值法和研究期法。

（五）

97. B 【解析】网络计划总工期，即关键线路的持续时间。关键线路为①—②—③—④—⑥—⑧，则计算工期=60+100+20+20+100=300（天）。

98. B 【解析】关键工作是指关键线路上的工作，分别为基础工程、主体工程、二次结构、水电安装、室内装备。

99. ABD 【解析】外装修工作的最迟完成时间是指在不影响整个任务按期完成的前提下，本工作必须完成的最迟时刻。外装修工作的最迟完成时间=计算工期—室内装修的持续时间=300—45=255（天），外装修工作的最迟开始时间=外装修工作的最迟完成时间—外装修工作的持续时间=255—50=205（天）。选项 A 正确。外装修工作的最早开始时间是在其所有紧前工作全部完成后，本工作可能开始的最早时刻。外装修工作的最早开始时间=60+100+25=185（天）。选项 B 正确。外装修工作的工作的总时差是指在不影响总工期的前提下，本工作可以利用的最大机动时间。外装修工作的总时差=外装修工作的最迟开始时间—外装修工作的最早开始时间=205—185=20（天）。选项 C 错误。外装修工作的自由时差=室内装修的最早开始时间—外装修工作的最早完成时间=235—235=0。选项 D 正确。

100. A 【解析】电梯安装及调试工作的总时差=电梯安装及调试工作的最迟完成时间—电梯安装及调试工作的最早完成时间=300—（60+100+50）=90（天）。

《建筑与房地产经济专业知识与实务》（中级）押题模拟试卷（一）

一、单项选择题

1. D 【解析】从建筑产品供给者角度来看，风险表现在：①定价风险；②生产风险。从建筑产品需求者角度来看，风险表现在：①价格与质量的矛盾；②价格与交货时间的矛盾；③预付款风险。

2. A 【解析】房地产交易价格的影响因素包括房地产自身因素和周边环境因素、行政与政治因素、区域社会因素和区域经济因素。其中，区域经济因素包括地区或城市的经济发展水平、经济增长状况、产业结构、就业情况、居民收入水平、投资水平、财政收支和金融状况。选项 A 属于区域社会因素。

3. A 【解析】房地产开发项目决策具体包括市场分析、财务评价和项目决策三步。

4. B 【解析】已知 $P=5\,000$ 万元，$i=8\%$，$n=4$ 年，代入公式 $F=P(1+i)^n=5\,000 \times (1+8\%)^4 \approx 6\,802$（万元）。

5. B 【解析】已知年值 $A=60$ 万元，$n=20$ 年，$i=10\%$，求现值 P。根据公式，$P=A[(1+i)^n-1]/[i(1+i)^n] \approx 510.81$（万元），净现值=510.81—500=10.81（万元）。

6. B 【解析】因 $\Delta IRR_{(乙-甲)} > i_c$，所以乙方案优于甲方案；因 $\Delta IRR_{(丙-乙)} < i_c$，所以乙方案优于丙方案；因 $\Delta IRR_{(丙-甲)} > i_c$，所以丙方案优于甲方案。故选项 B 正确。

7. C 【解析】根据公式，$Q^* = F/(P-V) = 3\,000/(0.4-0.25) = 20\,000$（平方米）。

8. B 【解析】当互斥方案寿命期不等时，可计算各方案的净年值，选取净年值最大者为最优方案。当互斥方案的效益相同或基本相同时，可以仅考虑各方案的投资和运行费用。这时，可将净年值法转化为费用年值法。

9. B 【解析】①计算各方案的价值系数：甲方案的价值系数=0.3/0.4=0.75；乙方案的价值系数=0.5/0.5=1；丙方案的价值系数=0.2/0.3≈0.67；丁方案的价值系数=0.4/0.6≈0.67。②选取价值系数最大的方案为最优方案，即乙方案。

10. C 【解析】在项目定位过程中，绿化与景观规划的主要内容包括项目园林风格确定、项目绿化景观布局和项目景观节点设计。选项 C 属于项目道路交通规划。

11. D 【解析】居住项目核心产品定位的主要内容包括功能组合策划、户型设计策划和配套设施策划。

12. A 【解析】房地产市场细分是以房地产需求者消费需求的某些特征或变量为依据，对具有不同需求的房地产消费群体进行区分的过程。

13. D 【解析】经营成本作为项目运营期的主要现金流出，其构成和估算公式为：经营成本=外购原材料、燃料和动力费+工资及福利费+修理费+其他费用。因此，选项D不会影响工程项目经营成本。

14. D【解析】根据公式 $q_j = (P_j-1+A_j/2) \times i$，可得：①建设期第1年的利息 $q_1 = (0+1\,000/2) \times 8\% = 40$（万元）；②建设期第2年的利息 $q_2 = (1\,000+40+0) \times 8\% = 83.2$（万元）；③建设期利息 $q = 40+83.2 = 123.2$（万元）。

15. D【解析】生产能力指数法是根据已建成的、性质类似的建设项目或装置的投资额和生产能力，以及拟建项目或装置的生产能力估算其投资额，选项A错误。生产能力指数 n 应小于等于1，选项B错误。采用生产能力指数法估算投资，计算简单，速度快，但要求类似工程的资料可靠、条件基本相同，否则误差就会增大，选项C错误。

16. D【解析】采用成本加酬金合同，承包人不承担任何价格变化的风险，选项D错误。

17. C【解析】1月份工程价款调整金额 $=6\,000 \times \{0.25+[0.15 \times (1+15\%)+0.35 \times (1+20\%)+0.25 \times (1+25\%)]-1\} = 930$（万元）。

18. C【解析】经营性项目的项目资本中，财政资金所占比例不超过50%的，项目竣工财务决算可以不报财政部门或者项目主管部门审批复核。

19. D【解析】最迟完成时间等于各紧后工作的最迟开始时间的最小值。

20. C【解析】总时差=最迟开始时间−最早开始时间，最早完成时间=最早开始时间+持续时间，即12=最早开始时间+6，则最早开始时间=6。因此，工作Z的最迟开始时间=总时差+最早开始时间=7+6=13。

21. A【解析】当某工作有紧后工作时，其自由时差等于该工作与其紧后工作之间的时间间隔的最小值。工作B的最早完成时间=6+5=11（天），则工作B与其三项紧后工作的时间间隔分别为：14−11=3（天），16−11=5（天），17−11=6（天）。因此，工作B的自由时差=min{3,5,6}=3（天）。

22. C【解析】当滞后时间大于自由时差、小于总时差时，对总工期是没有影响的。

23. B【解析】提交投标文件的投标人少于3个的，招标人应依法重新招标。

24. B【解析】评标完成后，评标委员会应当向招标人提交书面评标报告和中标候选人名单。中标候选人应当不超过3个，并标明顺序。

25. B【解析】投标人或者其他利害关系人对招标文件有异议的，应当在投标截止时间10日前以书面形式提出。选项B错误。

26. D【解析】公开招标的优点是：招标人可在较广范围内选择承包商，投标竞争激烈，择优率更高，有利于招标人将工程项目交予可靠承包商实施，并获得有竞争性的商业报价，同时也可在较大程度上避免招标过程中的贿标行为。选项D属于邀请招标的优点。

27. C【解析】施工条件好的工程报价可以低一些。选项A错误。特殊工程的报价可以高一些。选项B错误。有可能在中标后将大部分工程分包给索价较低的分包人，这种情形适用保本报价法。选项D错误。

28. C【解析】细微偏差不影响投标文件的有效性。选项C错误。

29. A【解析】依法必须进行招标的项目，招标人应当自收到评标报告起3日内公示中标候选人，公示期不得少于3日。

30. A【解析】国家或者招标文件对投标人资格条件有规定的，联合体各方均具规定的相应资格条件，相同专业的施工企业组成的联合体，应按资质等级较低的施工企业确定联合体的资质等级。

31. C【解析】合同协议书与下列文件一起构成合同文件：①中标通知书；②投标函及投标函附录；③专用合同条款；④通用合同条款；⑤发包人要求；⑥勘察费用清单；⑦勘察纲要；⑧其他合同文件。上述合同文件互相补充和解释，如果合同文件之间存在矛盾或不一致之处，以上述文件的排列顺序在先者为准。

32. A【解析】发包人应在收到中期支付或费用结算申请后的28天内，将应付款项支付给勘察人。

33. A【解析】取消合同中任何一项工作，被取消的工作不能转由发包人或其他人实施。选项A错误。

34. B【解析】除专用合同条款另有约定外，发包人应在合同签订后14天内，将发包人代表的姓名、职务、联系方式、授权范围和授权期限书面通知设计人。

35. C【解析】进度付款申请单的内容包括：①截至本次付款周期末已实施工程的价款；②变更金额；③索赔金额；④本次应支付的预付款和扣减的返还预付款；⑤本次扣减的质量保证金；⑥根据合同应增加和扣减的其他金额。

36. D【解析】发包人在收到承包人竣工验收申请报告56天后未进行验收，视为验收合格。

37. A【解析】缺陷责任期一般为1年，最长不超过2年，具体可由发承包双方在合同中约定。

38. A【解析】《建设工程质量保证金管理办法》（建质〔2017〕138号）规定，发包人应按照合同约定方式预留工程质量保证金，保证金总预留比例不得高于工程价款结算总额的3%。

39. D【解析】当事人约定按照固定价结算工程价款，一方当事人请求对建设工程造价进行鉴定的，人民法院不予支持。选项D错误。

40. B【解析】工程监理单位转让工程监理业务的，责令改正，没收违法所得，处合同约定的监理酬金25%以上50%以下的罚款；可以责令停业整顿，降低资质等级；情节严重的，吊销资质证书。

41. D【解析】《建设工程安全生产管理条例》规定，工程监理单位未对施工组织设计中的安全技术措施或者专项施工方案进行审查的，责令限期改正；逾期未改正的，责令停业整顿，并处10万元以上30万元以下的罚款。

42. C【解析】《建设工程质量管理条例》规定，监理工程师因过错造成质量事故的，责令停止执业1年。

43. B【解析】检查工序施工结果是监理员应该履行的职责。选项B错误。

44. D【解析】项目监理机构可以采取会议（如第一次工地会议、监理例会、专题会议等）、交谈（如面对面交谈、电话、视频通话等）、书面（如报告、报表、指令和通知等）方式进行组织协调。

45. B【解析】平行检验是指项目监理机构在施工单位自检的同时，按照有关规定、工程监理合同约定对同一检验项目进行的检测试验活动。

46. B【解析】按风险发生的原因分类，工程风险可分为自然风险、政治风险、社会风险、经济风险和金融风险。选项B属于按风险造成的后果分类。

47. B【解析】按风险造成的后果分类，工程风险可分为纯粹风险和投机风险。

48. B【解析】理论概率分布法是工程风险估计常用的方法。

49. D【解析】综合推断法是指利用已有数据进行分析与主观分析判断相结合的一种工程风险发生概率估计方法。

50. B【解析】建筑工程一切险的保险期限延长期间的保费按原费率以日计收,也可根据当地情况或风险大小加收适当百分比。

51. B【解析】按其标的不同,工程设计责任险可分为年度责任险、项目责任险和多个项目险。

52. A【解析】与传统的建筑安装工程一切险相比,工程质量保证保险有很多不同之处,包括:①保险责任不同;②被保险人不同;③保险单出具方式不同;④保险金额不同;⑤风险控制措施不同。

53. C【解析】BIM的主要技术是参数化建模技术,操作对象不再是点、线、面这些简单的几何对象,而是墙体、门、窗、梁、柱等建筑构件。选项C错误。

54. D【解析】智能建筑概念源于美国。

55. D【解析】建筑设计属于BIM在初步设计阶段的应用。

56. A【解析】新一代智能制造系统最本质的特征是其信息系统增加了认知和学习功能,信息系统不仅具有强大的感知、计算分析与控制能力,更具有学习提升、产生知识的能力。

57. C【解析】《绿色建筑评价标准》(GB/T 50378—2019)将"绿色建筑"定义为:在全寿命期内,节约资源、保护环境、减少污染,为人们提供健康、适用、高效的使用空间,最大限度地实现人与自然和谐共生的高质量建筑。

58. A【解析】建筑节水是一个系统工程,是在满足用水要求的前提下,采取先进的措施,提高水的有效利用率,主要包括以下五个方面:①大力推广使用节水型用水器具。②完善城市管网供应系统。③推广使用优质给水管材、水表,其使用年限长且能兼顾水质。④积极采用废水利用措施,建立中水回用系统,利用中水可替代等量的自来水;建立雨水回用系统,调蓄排放、地面雨水入渗和回收利用屋面雨水。⑤增强节水意识,落实节水措施。

59. C【解析】正常使用的照明系统,按灯具的布置方式可分为一般照明、分区一般照明、局部照明、混合照明四种方式。

60. C【解析】一星级、二星级、三星级三个等级的绿色建筑均应满足《绿色建筑评价标准》全部控制项的要求,且每类指标的评分项得分不应小于其评分项满分值的30%。

二、多项选择题

61. ABCD【解析】建筑市场运行的特点包括:①建筑产品是需求者向供给者进行预先订货式交易的产物;②建筑产品交易时间长;③建筑市场存在显著地区性;④市场竞争较为激烈;⑤竞争方式以投标竞争为主;⑥供求不均衡普遍存在;⑦交易计价方式独特;⑧建筑市场风险大。

62. CDE【解析】投资决策的工作包括房地产开发机会选择和房地产开发项目决策(包括市场分析、财务分析、项目决策)。前期准备的工作包括取得建设用地使用权、委托场地勘察、委托规划设计、申请规划设计方案审查和建设工程规划许可和工程建设准备。开发建设的工作包括施工管理(包括质量控制、安全及环保管理、投资控制、进度控制)、商品房预售、竣工验收和备案、商品房初始登记。选项A属于投资决策阶段的工作;选项B属于前期准备阶段的工作。

63. ADE【解析】投资项目盈利能力分析的动态指标包括净现值、内部收益率、动态投资回收期、净年值和净现值率。选项B、C属于静态指标。

64. ACE【解析】选项B、D属于寿命期相同的互斥方案的比选方法。

65. ABC【解析】房地产产品可以看成是由核心产品、有形产品和附加产品三个层次所组成的复合体。

66. BCDE【解析】房地产开发项目主题创意应满足:①易于展示和传播;②凸显开发项目的内在品质;③与目标客户的需求相吻合;④与开发项目所处地区的资源条件相协调。

67. ABE【解析】建筑单位工程概算的编制方法包括概算定额法、概算指标法和类似工程预决算法。

68. ABDE【解析】由起点节点到终点节点形成的路线上各项工作持续时间之和最大的线路就是关键线路,求出备选答案中各线路的持续时间之和,值最大的线路即为关键线路。A:9+15+5+5+2=36;B:9+14+6+5+2=36;C:9+17+2+2=30;D:9+15+5+3+2+2=36;E:9+14+6+3+2+2=36。可知,选项A、B、D、E四条线路均为关键线路。

69. CE【解析】招标人以不合理条件限制、排斥潜在投标人或者投标人的情形包括:①就同一招标项目向潜在投标人或投标人提供有差别的项目信息;②设定的资格、技术、商务条件与招标项目的具体特点和实际需要不相适应或与合同履行无关;③以特定行政区域或者特定行业的业绩、奖项作为加分条件或中标条件;④对潜在投标人或者投标人采取不同的资格审查或者评标标准;⑤限定或者指定特定的专利、商标、品牌、原产地或者供应商;⑥非法限定潜在投标人或者投标人的所有制形式或者组织形式;⑦以其他不合理条件限制、排斥潜在投标人或者投标人。

70. DE【解析】招标人与投标人串通投标的情形有:①招标人在开标前开启投标文件并将有关信息泄露给其他投标人;②招标人直接或者间接向投标人泄露标底、评标委员会成员等信息;③招标人明示或者暗示投标人压低或者抬高投标报价;④招标人授意投标人撤换、修改投标文件;⑤招标人明示或者暗示投标人为特定投标人中标提供方便;⑥招标人与投标人为谋求特定投标人中标而采取的其他串通行为。

71. ACDE【解析】"干式工法连接"的节点和接缝的研究尚不充分,暂不适用于高层建筑,但其具有构件制作简单、安装便利、工期短、成本低等优点。

72. ABCD【解析】工程监理性质可概括为服务性、科学性、独立性和公平性。

73. ABC【解析】选项D、E属于总监理工程师应履行的职责。

74. BCE【解析】意外伤害险的保险责任由以下三个必要条件构成,缺一不可:①被保险人在保险期间内遭受意外伤害;②被保险人在责任期间内死亡或残疾;③被保险人所受意外伤害是其死亡或残疾的直接原因或近因。

75. ABCD【解析】BIM技术未来的发展趋势包括:①BIM模型自动检测是否符合规范和可施工性;②制造商启用3D产品目录;③多维(nD)项目管理模式;④实现预制加工工业化与全球化;⑤BIM与GIS融合。

76. ABC【解析】选项D、E属于干式工法的好处。

77. ACDE【解析】装配式建筑等级应划分为A级、AA级、AAA级。装配率为60%~75%时,评级为A级装配式建筑。装配率为76%~90%时,评级为AA级装配式建筑。装配率为91%及以上时,评级为AAA级装配式建筑。

78. AD【解析】建筑由主楼和裙房组成时，主楼和裙房可按不同的单体建筑进行计算和评价，选项B错误。单体建筑的层数不大于3层，且地上建筑面积不超过500平方米时，可由多个单体建筑组成建筑组团作为计算和评价单元，选项C、E错误。

79. ABC【解析】选项D、E属于保险人不承担赔偿责任的范围。

80. ABCD【解析】智慧城市顶层设计的基本原则包括以人为本、因城施策、融合共享、协同发展、多元参与、绿色发展和创新驱动。

三、案例分析题

(一)

81. D【解析】假设盈亏平衡点的销售数量为Q，则$1600Q=12000000+600Q$，解得，$Q=12000$（件）。

82. A【解析】E（利润）$=PQ-(F+VQ)=1600\times13000-(12000000+600\times13000)=1000000$（元）$=100$（万元）。

83. D【解析】生产负荷率＝盈亏平衡点产量/设计能力产量$\times100\%=12000/16000\times100\%=75.0\%$。

84. ABC【解析】根据盈亏平衡点公式：$Q^*=F/(P-V)$，在进行盈亏平衡分析时，需假定一定时期内固定成本、单位产品的销售价格、单位产品的变动成本都保持一个确定的量值。

85. CD【解析】盈亏平衡分析可分为线性盈亏平衡分析和非线性盈亏平衡分析。

(二)

86. AB【解析】在网络计划中，相对于某工作来说，其紧前工作是紧排在该工作之前的工作。本题中，工作E的紧前工作有工作A和工作B。

87. C【解析】时标网络计划中，各工作的自由时差值为该工作的箭线中波形线部分在坐标轴上的水平投影长度。由此可知，工作C的自由时差为2周。

88. BC【解析】工作E有A、B两项紧前工作。选项A错误。工作F的紧后工作包括I、H两项。选项D错误。

89. B【解析】箭线中没有波形线的关键线路有：A→E→H→K，A→F→I→K。

90. BD【解析】第4周周末检查时工作B拖后2周，但有1周总时差，将使工作E、F各拖后1周，将影响工期1周，选项A错误。第4周周末检查时工作A拖后1周，将使工作E、F各拖后1周，影响工期1周，选项B正确。第10周周末检查时工作I提前1周，但工作H没有提前，不能使工期提前，选项C错误。第10周周末检查时工作G拖后1周，但有2周总时差，故不影响工期，选项D正确。

(三)

91. C【解析】由于资金的限制，该项目的3个方案是不能同时选择的，又因寿命期都为10年，属于寿命期相等的互斥方案。

92. AB【解析】寿命期相等的互斥方案的比选方法包括净现值法、增量内部收益率法和增量净现值法。

93. D【解析】方案B的净现值$NPV_B=970\times(P/A,10\%,10)-3000=2959.68$（万元）。

94. C【解析】由于方案A与方案B优劣相同，则$1224\times(P/A,i,10)-5000=970\times(P/A,i,10)-3000$，得出$(P/A,i,10)=7.874$。根据系数公式：$(P/A,i,10)=[(1+i)^{10}-1]/[i\times(1+i)^{10}]=7.874$，将选项中的数据代入公式计算，只有$i=4.61\%$时，结果与7.874接近。

95. B【解析】方案A的净现值$NPV_A=1224\times(P/A,10\%,10)-5000\approx2520.26$（万元）。方案B的净现值$NPV_B=970\times(P/A,10\%,10)-3000=2959.68$（万元）。方案C的净现值$NPV_C=700\times(P/A,10\%,10)-2500=1800.8$（万元）。故最优方案是方案B。

(四)

96. ABC【解析】选项D属于周边环境因素。

97. ABC【解析】绿色建筑是不仅能够提供舒适而安全的室内环境，同时应具有与自然环境相和谐的良好建筑外部环境，能充分利用自然环境，并在不破坏环境基本生态平衡条件下建造的一种建筑。

98. C【解析】根据公式，$Q=(Q_0+Q_1+Q_2+Q_3+Q_4+Q_5+Q_A)/10=(380+80+85+90+180+80)/10=89.5$（分）。

99. D【解析】根据第98题的计算结果，可知该建筑群的绿色建筑等级应为三星级。

100. AC【解析】节水器具用水效率等级达到2级，选项B错误。室内主要空气污染物浓度降低比例为20%，选项D错误。

《建筑与房地产经济专业知识与实务》（中级）押题模拟试卷（二）

一、单项选择题

1. D【解析】建筑产品的多样性决定了每项工程都必须单独计算造价，选项D错误。

2. D【解析】房地产交易价格的影响因素包括房地产自身因素和周边环境因素、行政与政治因素、区域社会因素和区域经济因素。其中，区域社会因素包括区域人口、家庭状况、心理、城市发展、城市化程度、社会治安、文化等。选项D属于区域经济因素。

3. D【解析】业主转让房屋所有权的，其对共有部分享有的权利依法一并转让，选项D错误。

4. A【解析】根据公式，$P=A\times[(1+i)^n-1]/[i(1+i)^n]=5\times[(1+10\%)^{30}-1]/[10\%(1+10\%)^{30}]\approx47$（万元）。

5. C【解析】资本金净利润率＝年税后利润总额或年平均税后利润总额/资本金$\times100\%=35/150\times100\%\approx23.33\%$。

6. B【解析】混合方案是指独立方案与互斥方案的混合结构。某房地产开发企业有购买三种土地进行房地产开发的机会，则每一种的投资决策相互独立，而每一个项目分别有几个方案，则每一个项目的方案又互斥。

7. A【解析】若$\Delta IRR>i_c$，则投资大的方案为优；若$0<\Delta IRR<i_c$，则投资小的方案为优。

8. C【解析】盈亏平衡分析只用于财务效益分析，敏感性分析和风险分析可用于财务效益分析和国民经济效益分析。

9. A【解析】该方案的功能得分$=0.1\times10+0.2\times9+0.3\times9+0.4\times8=8.7$。

10. A【解析】房地产开发项目主题创意是指根据项目及其所在地区特征，确定项目特有的、显著区别于竞争对手的、能进行概念化描述、能通过宣传推广活动被目标客户接受且产生共鸣的项目特质。主题创意确定了开发项目最显著的特征，能够凸显项目个性，避免项目同质化。

11. A【解析】通过对目标市场中不同消费群体对房地产效用取向的分析，选定目标市场中的某类或某几类消费者作为房地产开发项目的服务对象，这就是目标客户选定。

12. D【解析】房地产开发项目市场细分主要有人口因素细分、地理因素细分、心理因素细分和行为因素细分。

13. B【解析】"为谁建"是解决项目客户定位问题；"建什么"是解决项目定位和产品定位问题；"能否建"是对项目可行性的评价；"怎么建"是解决项目总体运行问题。

14. D【解析】①根据公式 $q_j = (P_j - 1 + A_j/2) \times i$，建设期第 1 年的利息 $q_1 = (0 + 800/2) \times 6\% = 24$（万元）；②建设期第 2 年的利息 $q_2 = (800 + 24 + 800/2) \times 6\% = 73.44$（万元）；③建设期利息 $q = 24 + 73.44 = 97.44$（万元）。

15. B【解析】$C_2 = C_1 (A_2/A_1)^n \times f = 5\,000 \times (2\,000/1\,000)^{0.5} \times 1.2 = 8\,485.28$（万元）。

16. D【解析】其他项目清单应包括的内容有：暂列金额、暂估价、计日工、总承包服务费。

17. D【解析】10 月工程价款调整金额 $= 60\,000 \times \{0.35 + [0.25 \times (1 + 15\%) + 0.35 \times (1 + 20\%) + 0.15 \times (1 + 25\%)] - 1\} = 14\,700$（万元）。

18. B【解析】对于行政事业单位及国有和国有控股企业使用财政资金的建设项目，完工可投入使用或试运行合格后，应在 3 个月内编制竣工财务决算。

19. A【解析】工作的自由时差等于紧后工作的最早开始时间减去本工作最早完成时间。本题中，工作 M 的最早完成时间 $= 6 + 5 = 11$（天），其紧后工作的最早开始时间是第 14 天，则该工作的自由时差为 $14 - 11 = 3$（天）。

20. C【解析】工作 G 的拖后天数 = 尚需天数 - 至该工作最迟完成时间 $= 5 - 3 = 2$（天），也会造成总工期延长 2 天。

21. C【解析】总时差 = 最迟开始时间 - 最早开始时间，总时差减少了 4 天，就是工期拖后 4 天。总时差为 -1，说明影响工期 1 天。

22. C【解析】前锋线是指在原时标网络计划中，从检查时刻的时标点出发，用点划线依次将各项工作实际进展位置点连接而成的折线。

23. D【解析】招标人与投标人串通投标的情形有：①招标人在开标前开启投标文件并将有关信息泄露给其他投标人；②招标人直接或者间接向投标人泄露标底、评标委员会成员等信息；③招标人明示或者暗示投标人压低或者抬高投标报价；④招标人授意投标人撤换、修改投标文件；⑤招标人明示或者暗示投标人为特定投标人中标提供方便；⑥招标人与投标人为谋求特定投标人中标而采取的其他串通行为。

24. A【解析】如果招标人在招标文件中要求投标人提交投标保证金，投标保证金不得超过招标项目估算价的 2%。

25. D【解析】总价金额与单价金额不一致的，以单价金额为准，但单价金额小数点有明显错误的除外，选项 D 错误。

26. A【解析】选项 B、C、D 属于邀请招标的优点，选项 A 属于公开招标的优点。

27. B【解析】投标文件的形式审查包括：①提交的营业执照、资质证书、安全生产许可证是否与投标单位的名称一致；②投标函是否经法定代表人或其委托代理人签字并加盖单位章；③投标文件的格式是否符合招标文件要求；④联合体投标人提交了联合体协议书，联合体的成员组成与资格预审的成员组成有无变化，联合体协议书的内容是否与招标文件要求一致；⑤报价的唯一性。选项 A、C、D 属于投标文件对招标文件的响应性审查。

28. A【解析】施工图已设计完成，工程量清单详细明确可选择总价合同。

29. C【解析】如果投标人或者其他利害关系人认为招标投标活动不符合法律、行政法规规定，可以向有关行政监督部门投诉。行政监督部门应当自收到投诉之日起 3 个工作日内决定是否受理投诉，并自受理投诉之日起 30 个工作日内做出书面处理决定。

30. D【解析】由同一专业的单位组成的联合体，按照资质等级较低的单位确定资质等级，选项 D 错误。

31. D【解析】住房和城乡建设部印发的《"十三五"装配式建筑行动方案》，用一系列定量指标来推定装配式建筑发展。到 2020 年，全国装配式建筑占新建建筑的比例达到 15% 以上，其中重点推进地区达到 20% 以上，积极推进地区达到 15% 以上，鼓励推进地区达到 10% 以上。

32. D【解析】《建设工程监理范围和规模标准规定》（建设部令第 86 号）进一步细化了必须实行监理的工程范围和规模标准，具体为：①国家重点建设工程。②大中型公用事业工程，是指项目总投资额在 3 000 万元以上的下列工程项目：供水、供电、供气、供热等市政工程项目；科技、教育、文化等项目；体育、旅游、商业等项目；卫生、社会福利等项目；其他公用事业项目。③建筑面积在 50 000 平方米以上的成片开发建设的住宅小区工程。50 000 平方米以下的住宅建设工程可以实行监理，具体范围和规模标准，由省、自治区、直辖市人民政府建设行政主管部门规定。④利用外国政府或者国际组织贷款、援助资金的工程。⑤国家规定必须实行监理的其他工程。

33. D【解析】设计人更换项目负责人应事先征得发包人同意，并应在更换 14 天前将拟更换的项目负责人的姓名和详细资料提交发包人。

34. B【解析】发包人应按合同约定及时组织竣工验收。

35. C【解析】在 FIDIC《施工合同条件》实施过程中，争端解决方法有裁决、友好协商和仲裁等。

36. A【解析】《中华人民共和国刑法》规定，工程监理单位违反国家规定，降低工程质量标准，造成重大安全事故的，对直接负责人员，处 5 年以下有期徒刑或者拘役，并处罚金；后果特别严重的，处 5 年以上 10 年以下有期徒刑，并处罚金。

37. B【解析】工程监理可以从以下几个方面进行理解：①工程监理的行为主体是工程监理单位；②工程监理的实施前提是建设单位的委托和授权；③工程监理的实施依据包括法律法规、工程建设标准、勘察设计文件及合同；④工程监理的实施范围主要在施工阶段；⑤工程监理的基本职责是在建设单位委托授权范围内，通过合同管理和信息管理，以及协调工程建设相关方关系，控制建设工程质量、造价和进度三大目标，即"三控两管一协调"。

38. A【解析】监理实施细则是在监理规划的基础上，针对工程项目中某一专业或某一方面监理工作编制的操作性文件，选项 A 错误。

39. A【解析】按风险造成的后果分类，工程风险可分为纯粹风险和投机风险。

40. D【解析】头脑风暴法是工程风险识别常用的方法。

41. B【解析】风险管理工作的步骤为风险识别、风险估计、风险评价、风险应对和风险监控。

42. D【解析】安装工程一切险的除外责任，除包括建筑工程一切险除外责任中规定的内容外，还包括以下两个方面：①因设计错误、铸造或者原材料缺陷或工艺不善引起的保险财产本身的损失以及为置换、修理或矫正这些缺点错误所支付的费用，都属于除外责任范围；②由于超负荷、超电压、碰线等电气原因造成电气设备或电气用具本身的损失，安装工程一切险不予负责，只对由于电气原因造成的其他保险财产的损失予以赔偿。

43. B【解析】按其标的不同，工程设计责任险可分为年度责任险、项目责任险和多个项目险三类。

44. B【解析】BIM的主要技术是参数化建模技术，操作对象不再是点、线、面这些简单的几何对象，而是墙体、门、窗、梁、柱等建筑构件。

45. C【解析】开展智慧城市顶层设计过程中应考虑政府、企业、居民等不同角色的意见及建议，体现的是智慧城市顶层设计的多元参与原则。

46. C【解析】装配式建筑通常按建筑的结构体系及构件的材料来分类，主要包括装配式混凝土结构建筑、装配式钢结构建筑、木结构建筑、组合结构及铝结构建筑等。

47. D【解析】装配整体式剪力墙结构基本的组成构件为墙、梁、板等。

48. B【解析】装配式组合结构的优点包括：①可以更好地实现建筑功能；②可以更好地实现艺术表达；③可使结构优化；④可使施工更便利。选项B属于装配式组合结构的缺点或局限性。

49. C【解析】装配式建筑应同时满足下列要求：①主体结构部分的评价分值不低于20分；②围护墙和内隔墙部分的评价分值不低于10分；③采用全装修；④装配率不低于50%。选项C错误。

50. A【解析】绿色建筑评价中，资源节约要求建筑造型要素应简约，应无大量装饰性构建，并应符合下列规定：①住宅建筑的装饰性构件占建筑总造价的比例不应大于2%；②公共建筑的装饰性构件造价占建筑总造价的比例不应大于1%。

51. D【解析】建筑节水是一个系统工程，是在满足用水要求的前提下，采取先进的措施，提高水的有效利用率，主要包括以下几个方面：①大力推广使用节水型用水器具。②完善城市管网供应系统。③推广使用优质给水管材、水表，其使用年限长且能兼顾水质。④积极采用废水利用，建立中水回用系统，利用中水可替代等量的自来水；建立雨水回用系统，调蓄排放、地面雨水入渗和回收利用屋面雨水。⑤增强节水意识，落实节水措施。

52. C【解析】装配式建筑评价等级应划分为A级、AA级、AAA级，并应符合下列规定：①装配率为60%～75%时，评价为A级装配式建筑；②装配率为76%～90%时，评价为AA级装配式建筑；③装配率为91%及以上时，评价为AAA级装配式建筑。

53. D【解析】项目监理机构应根据工程监理合同约定，除检查审查有关文件资料、管理制度、人员资格外，主要采用巡视、平行检验、旁站、见证取样等方式实施监理。其中，旁站是指项目监理机构对工程的关键部位或关键工序的施工质量进行的监督活动。

54. B【解析】专业监理工程师由具有工程类注册执业资格的人员担任，也可由具有中级及以上专业技术职称、两年及以上工程实践经验并经监理业务培训的人员担任。专业监理工程师应履行下列职责：①参与编制监理规划，负责编制监理实施细则；②审查施工单位提交的涉及本专业的报审文件，并向总监理工程师报告；③参与审核分包单位资格；④指导、检查监理员工作，定期向总监理工程师报告本专业监理工作实施情况；⑤检查进场的工程材料、构配件、设备的质量；⑥验收检验批、隐蔽工程、分项工程，参与验收分部工程；⑦处置发现的质量问题和安全事故隐患；⑧进行工程计量；⑨参与工程变更的审查和处理；⑩组织编写监理日志，参与编写监理月报；⑪收集、汇总、参与整理监理文件资料；⑫参与工程竣工预验收和竣工验收。选项A、C、D属于总监理工程师的职责。

55. B【解析】《建设工程安全生产管理条例》规定，注册监理工程师未执行法律、法规和工程建设强制性标准的，责令停止执业3个月以上1年以下；情节严重的，吊销执业资格证书，5年内不予注册；造成重大安全事故的，终身不予注册；构成犯罪的，依照刑法有关规定追究刑事责任。

56. B【解析】美国建筑师学会（AIA）编制了众多的系列标准合同文本，包括以下内容：①A系列，为业主与施工承包商、CM承包商、供应商之间，以及总承包商与分包商之间的合同文本；②B系列，为业主与提供专业服务的建筑师之间的合同文本；③C系列，为建筑师与提供专业服务的咨询机构之间的合同文本；④D系列，为建筑师行业所用的文件；⑤E系列，为合同和办公管理中使用的文件；⑥F系列，为财务管理表格；⑦G系列，为建筑师企业与项目管理中使用的文件。

57. D【解析】根据《建设工程质量保证金管理办法》（建质〔2017〕138号），缺陷责任期从工程通过竣工验收之日起计算。

58. B【解析】安装工程一切险的保险期内包括一个试车考核期，试车考核期长短应由保险人和被保险人商定或根据工程合同约定来决定，试车考核期的保险责任以不超过3个月为限；若超过3个月，则应增加保险费用。

59. B【解析】发展绿色建筑，以绿色、循环、低碳理念指导城乡建设，资源集约利用，提高建筑的安全性、舒适性和健康性，对转变城乡建设模式、破解能源瓶颈约束、改善群众生产生活条件、培育节能环保、新能源等战略性新兴产业，具有十分重要的意义和作用。

60. D【解析】正常使用的照明系统，按其灯具的布置方式可分为一般照明、分区一般照明、局部照明和混合照明。其中，为了实现某一指定点的高照度要求，在较小范围或有限空间内，采取距离视看对象近的灯具来满足该点照明要求的照明方式称为局部照明。

二、多项选择题

61. ABDE【解析】房地产市场需求包括生产性需求、消费性需求、投资性需求。其中，消费性需求主要是居住房地产需求。按照住宅分类，居住消费需求主要分为花园别墅需求、高层住宅需求、多层住宅需求等不同档次的居住房地产需求。

62. ABCD【解析】房地产市场运行的特点包括：①区域性市场；②周期性波动；③不完全竞争性；④层次性；⑤多重性；⑥多样性；⑦价格确定的复杂性；⑧风险性。

63. CDE【解析】投资项目偿债能力分析指标包括利息备付率、偿债备付率、资产负债率。选项A、B属于盈利能力分析的静态指标。

64. ACE【解析】选项B、D属于寿命期不同的互斥方案的比选方法。

65. ACD【解析】对于商品住宅开发项目，总体规划布局主要包括物业类型构成及布局、项目空间尺度安排、项目用地规划布局。

66. ACD【解析】对于住宅项目，附加产品定位的主要内容是物业服务策划、信贷服务策划和装修服务策划。

67. DE【解析】建设投资估算方法包括资金周转率法、生产能力指数法、设备费用百分比估算法、造价指标估算法。

68. BC【解析】在时标网络计划中，从终点到起点没有波形线的线路是关键路线。

69. CE【解析】评标委员会应当否决投标的情形包括：①投标文件未经投标单位盖章和单位负责人签字；②投标联合体没有提交共同投标协议；③投标人不符合国家或者招标文件规定的资格条件；④同一投标人提交两个以上不同的投标文件或投标报价，但招标文件要求提交备选投标的除外；⑤投标报价低于成本或者高于招标文件设定的最高投标限价；⑥投标人有串通投标、弄虚作假、行贿等违法行为；⑦投标文件没有对招标文件的实质性要求和条件作出响应。

70. ABC【解析】投标单位遇到下列情形时，其报价可高一些：①施工条件差的工程；②专业要求高的技术密集型工程，且投标单位在这方面有专长，声望高；③总价低的小工程，以及投标单位不愿做而被邀请投标，又不便不投标的工程；④特殊工程；⑤投标对手少的工程；⑥工期要求紧的工程；⑦支付条件不理想的工程。选项D、E属于可以报价较低的情形。

71. BCDE【解析】《中华人民共和国民法典》规定，建设工程合同是承包人进行工程建设，发包人支付价款的合同。建设工程合同包括工程勘察、设计、施工合同。相应地，建设工程合同管理应包括建设工程勘察、设计、施工合同管理。此外，还应包括工程总承包合同管理。

72. ACDE【解析】BIM应用对工程项目参建各方均具有重要价值，归纳起来，其主要有以下六个方面应用价值：①提高生产效率；②提高业主对设计方案的评估能力；③提高业主对市场的反应速度；④提高建设设施的可持续性；⑤为设施管理提供更好的平台；⑥有利于技术与管理创新。

73. ABD【解析】国家《绿色建筑行动方案》要求自2014年起政府投资的国家机关、学校、医院、博物馆、科技馆、体育馆等建筑，直辖市、计划单列市及省会城市的保障性住房，以及单体建筑面积超过20 000平方米的机场、车站、宾馆、饭店、商场、写字楼等大型公共建筑全面执行绿色建筑标准。

74. BCDE【解析】与传统的建筑安装工程一切险相比，工程质量保证保险有很多不同之处，包括：①保险责任不同；②被保险人不同；③保险单出具方式不同；④保险金额不同；⑤风险控制措施不同。

75. ABDE【解析】由于发包人原因导致的延误，承包人有权获得工期顺延和（或）费用加利润补偿。其包括：①增加合同工作内容；②改变合同中任何一项工作的质量要求或其他特性；③发包人迟延提供材料、工程设备或变更交货地点；④因发包人原因导致的暂停施工；⑤提供图纸延误；⑥未按合同约定及时支付预付款、进度款；⑦发包人造成工期延误的其他原因。

76. ABCD【解析】在进行建筑节能设计时，对门窗的节能处理也提出了更高要求，通常通过控制窗墙面积比、改善窗户的保温性能、提高窗户的隔热性能、提高门窗的气密性、选用适宜的窗型等方式提高门窗的节能性能。

77. ACDE【解析】按工程项目参与方分类，工程风险可以分为业主或投资商风险、承包商风险、咨询单位风险。

78. BCD【解析】人机共生下的全新工作模式的特点可以被总结为以下三个特征：①一体化；②体外化；③虚拟化/物质化的数字孪生。

79. ACD【解析】工程监理责任险责任免除可划分为绝对责任免除和相对责任免除。具体内容为：①绝对责任免除包括不可抗力、他人责任、被保险人责任；②相对责任免除包括文件、图纸或其他资料的毁损、灭失，交叉责任等。

80. ABCE【解析】一般来讲，确定建筑工程一切险的费率应考虑的因素有：①承保责任范围；②工程本身的危险程度；③承包商和其他参建方的资信情况，技术人员的经验、经营管理水平和安全条件；④同类工程以往损失记录；⑤工程免赔额高低，特种危险赔偿限额及第三者责任限额大小。

三、案例分析题

（一）

81. C【解析】由于资金的限制，该项目的三个方案是不能同时选择的，又因为寿命期都为1年，属于寿命期相等的互斥方案。

82. C【解析】使方案A和方案B优劣相等，则两个方案的净现值相等，即$260 \times (P/A, i, 1) - 200 = 375 \times (P/A, i, 1) - 300$，解得$(P/A, i, 1) = 0.87$。

83. B【解析】方案C的净现值$= 483 \times [(1+6\%) - 1] / [6\% \times (1+6\%)] - 400 \approx 55.66$（万元）。

84. AB【解析】寿命期相等的互斥方案的比选方法包括净现值法、增量内部收益率法和增量净现值法。

85. C【解析】采用增量净现值法，$NPV_A = 260 \times [(1+6\%) - 1] / [6\% \times (1+6\%)] - 200 \approx 45.28$（万元）；$NPV_B = 375 \times [(1+6\%) - 1] / [6\% \times (1+6\%)] - 300 \approx 53.77$（万元）；$NPV_C = 483 \times [(1+6\%) - 1] / [6\% \times (1+6\%)] - 400 \approx 55.66$（万元）。因此最佳选择为方案C。

（二）

86. BCD【解析】与甘特横道计划相比，尽管网络计划不够简单明了和形象直观，但借助计算机技术和有关管理软件可以最大限度地弥补其不足。选项A错误。

87. C【解析】计算最早开始时间和最早完成时间：
$ES_1 = 0$, $EF_1 = ES_1 + D_1 = 3$
$ES_2 = EF_1 = 3$, $EF_2 = ES_2 + D_2 = 3+3 = 6$
$ES_3 = EF_1 = 3$, $EF_3 = ES_3 + D_3 = 3+5 = 8$
$ES_4 = EF_2 = 6$, $EF_4 = ES_4 + D_4 = 6+6 = 12$
$ES_5 = \max\{EF_2, EF_3\} = \max\{6, 8\} = 8$, $EF_5 = ES_5 + D_5 = 8+9 = 17$
$ES_6 = \max\{EF_2, EF_3\} = \max\{6, 8\} = 8$, $EF_6 = ES_6 + D_6 = 8+5 = 13$
$ES_7 = \max\{EF_4, EF_5\} = \max\{12, 17\} = 17$, $EF_7 = ES_7 + D_7 = 17+9 = 26$
$ES_8 = \max\{EF_5, EF_6\} = \max\{17, 13\} = 17$, $EF_8 = ES_8 + D_8 = 17+7 = 24$
$ES_9 = \max\{EF_7, EF_8\} = \max\{26, 24\} = 26$, $EF_9 = ES_9 + D_9 = 26+0 = 26$
工期$T = EF_9 = 26$（周）

88. AC【解析】根据87题计算结果，计算相邻两项工作之间的时间间隔$LAG_{i,j}$：
$LAG_{1,2} = ES_2 - EF_1 = 3 - 3 = 0$

$LAG_{1,3} = ES_3 - EF_1 = 3 - 3 = 0$

$LAG_{2,4} = ES_4 - EF_2 = 6 - 6 = 0$

$LAG_{2,5} = ES_5 - EF_2 = 8 - 6 = 2$

$LAG_{2,6} = ES_6 - EF_2 = 8 - 6 = 2$

$LAG_{3,5} = ES_5 - EF_3 = 8 - 8 = 0$

$LAG_{3,6} = ES_6 - EF_3 = 8 - 8 = 0$

$LAG_{4,7} = ES_7 - EF_4 = 17 - 12 = 5$

$LAG_{5,7} = ES_7 - EF_5 = 17 - 17 = 0$

$LAG_{5,8} = ES_8 - EF_5 = 17 - 17 = 0$

$LAG_{6,8} = ES_8 - EF_6 = 17 - 13 = 4$

$LAG_{7,9} = ES_9 - EF_7 = 26 - 26 = 0$

$LAG_{8,9} = ES_9 - EF_8 = 26 - 24 = 2$

计算工作的总时差 TF_i：

$TF_9 = 0$

$TF_8 = TF_9 + LAG_{8,9} = 0 + 2 = 2$

$TF_7 = TF_9 + LAG_{7,9} = 0 + 0 = 0$

$TF_6 = TF_8 + LAG_{6,8} = 2 + 4 = 6$

$TF_5 = \min\{(TF_7 + LAG_{5,7}), (TF_8 + LAG_{5,8})\}$
$= \min\{(0+0), (2+0)\}$
$= 0$

$TF_4 = TF_7 + LAG_{4,7} = 0 + 5 = 5$

$TF_3 = \min\{(TF_5 + LAG_{3,5}), (TF_6 + LAG_{3,6})\}$
$= \min\{(0+0), (6+0)\}$
$= 0$

$TF_2 = \min\{(TF_4 + LAG_{2,4}), (TF_5 + LAG_{2,5}), (TF_6 + LAG_{2,6})\}$
$= \min\{(5+0), (0+2), (6+2)\}$
$= 2$

$TF_1 = \min\{(TF_2 + LAG_{1,2}), (TF_3 + LAG_{1,3})\}$
$= \min\{(2+0), (0+0)\}$
$= 0$

总时差为零的工作是关键工作，即工作 A、C、E、I、F。选项 A、C 正确。

89. CD【解析】自由时差等于该工作与其紧后工作之间的时间间隔的最小值，即工作 D 的自由时差 $=LAG_{4,7}=5$（周），实际进度拖后 3 周，少于其自由时差，因此不会影响总工期，也不会影响其紧后工作的正常运行。

90. AC【解析】工作总时差是在不影响工程总工期的前提下，工作可以利用的机动时间。工作自由时差是在不影响紧后工作最早开始时间的前提下，工作可以利用的机动时间。工作的自由时差不会长于总时差，因此，工作总时差为零，自由时差必定为零。

（三）

91. BCD【解析】绿色建筑是不仅能够提供舒适而安全的室内环境，同时应具有与自然环境相和谐的良好建筑外部环境，能充分利用自然环境，并在不破坏环境基本生态

平衡条件下建造的一种建筑。

92. C【解析】根据公式，$Q=(Q_0+Q_1+Q_2+Q_3+Q_4+Q_5+Q_A)/10=(360+80+85+90+180+80+75)/10=95.0$（分）。

93. D【解析】根据第 92 题的计算结果，可知该建筑群的绿色建筑等级应为三星级。

94. ACD【解析】节水器具用水效率等级达到 2 级。选项 B 错误。

95. BD【解析】绿色建筑评价应以单栋建筑或建筑群为评价对象，选项 A 错误。绿色建筑评价应在建筑工程竣工后进行，选项 C 错误。

（四）

96. B【解析】招标人采用邀请招标方式的，应当向 3 个以上具备承担招标项目的能力、资信良好的特定法人或其他组织发出投标邀请书。

97. AB【解析】依法必须进行招标的项目，其评标委员会由招标人代表和有关技术、经济等方面的专家组成，成员人数为 5 人以上单数。其中，技术、经济等方面的专家不得少于成员总数的 2/3。本题中，评标委员会共有 7 人，因此，技术、经济等方面的专家不得少于 $7\times 2/3\approx 4.7$，即 5 人，则代表房地产开发企业参加的评委不能多于 2 人。

98. C【解析】评标完成后，评标委员会应当向招标人提交书面评标报告和中标候选人名单。中标候选人应当不超过 3 个，并标明顺序。

99. AC【解析】招标人对中标候选人的公示期不得少于 3 日，选项 B 错误。招标人应当在收到投标人对评标结果的异议之日起 3 日内作出答复，选项 D 错误。

100. C【解析】有下列情形之一的，评标委员会应当否决其投标：①投标文件未经投标单位盖章和单位负责人签字；②投标联合体没有提交共同投标协议；③投标人不符合国家或者招标文件规定的资格条件；④同一投标人提交两个以上不同的投标文件或者投标报价，但招标文件要求提交备选投标的除外；⑤投标报价低于成本或者高于招标文件设定的最高投标限价；⑥投标文件没有对招标文件的实质性要求和条件作出响应；⑦投标人有串通投标、弄虚作假、行贿等违法行为。

《建筑与房地产经济专业知识与实务》（中级）押题模拟试卷（三）

一、单项选择题

1. D【解析】工艺商业、娱乐、旅游、商品住宅等各类经营性用地以外用途的土地，其供地计划公布后，同一宗地只有一个意向用地者的，可以申请协议出让方式。

2. C【解析】申请国有建设用地使用权及房屋所有权首次登记的，应当提交的材料包括：①不动产权证书或者土地权属来源材料；②建设工程符合规划的材料；③房屋已竣工的材料；④房地产调查或测绘报告；⑤相关税费缴纳凭证；⑥其他必要材料。选项 C 属于申请商品房预售许可证需要具备的条件。

3. A【解析】设计图纸包括：①区域位置图；②用地现状图；③总平面规划图；④道路及竖向规划图；⑤绿化规划图；⑥综合管线规划图；⑦日照分析图；⑧居住小区规划附型平面图；⑨反映建筑群体形态、环境、视觉等空间效果和周边关系的鸟瞰图。选项 A 属于设计说明书的内容。

4. D【解析】根据公式，$F=P(1+i)^n=500\times(1+6\%)^3\approx 595.51$（万元）。

5. A【解析】根据公式，资产负债率＝期末负债总额/期末资产总额×100%＝1 000/

$8\,000 \times 100\% = 12.5\%$。

6. B【解析】根据公式，$E = P \times Q - F - V \times Q = 150 \times 5\,000 - 120\,000 - (90 + 20) \times 5\,000 = 80\,000$（元）。

7. D【解析】根据公式，$V = F/C$，则 $V_\text{甲} = 1.52/1.42 \approx 1.07$；$V_\text{乙} = 1.55/1.15 \approx 1.35$；$V_\text{丙} = 1.65/1.35 \approx 1.22$；$V_\text{丁} = 1.35/1.38 \approx 0.98$。在应用价格指数法选择价值工程研究对象时，应当综合考虑价值指数偏离1的程度和改善幅度，优先选择 $V < 1$ 且改进幅度大的产品或零部件。故选择丁。

8. A【解析】针对综合风险因素等级的分析结果，可采取下列应对措施：①K级。风险很大，要放弃项目。②M级。风险大，修正拟议中的方案，改变设计或采取补偿措施等。③T级。风险较大，设定某些指标的临界值，指标一旦达到临界值，就要变更设计或对负面影响采取补偿措施。④R级。风险适度（较小），适当采取措施后不影响项目。⑤I级。风险很小，可忽略。

9. D【解析】房地产开发项目前期策划的主要任务包括：①"为谁建"。解决项目客户定位问题。②"建什么"。解决项目定位和产品定位问题。③"能否建"。对项目可行性的评价。④"怎么建"。解决项目总体运行问题。

10. A【解析】SWOT分析是通过综合分析和系统评价企业内外部环境，从而选择最佳经营战略的方法。其中，S代表企业内部资源和能力的优势，W代表企业内部资源和能力的劣势，O代表企业外部环境中的机会，T代表企业外部环境中的威胁。

11. A【解析】市场定位是房地产开发项目前期策划的核心，包括客户定位、项目定位和产品定位。

12. A【解析】国民经济评价着眼于项目对社会提供的有用产品和服务及项目所耗费的全社会的有用资源来考察项目的效益和费用，税金、国内贷款利息和补贴等不计为项目的效益和费用。

13. A【解析】建筑安装工程费按费用构成要素划分，包括人工费、材料费、施工机具使用费、企业管理费、利润、规费和增值税。其中，企业管理费包括管理人员工资、办公费、差旅交通费、固定资产使用费、工具用具使用费、劳动保险和职工福利费、劳动保护费、检验试验费、工会经费、职工教育经费、财产保险费、财务费、税金及其他。

14. D【解析】基本预备费 $= (3\,000 + 2\,700 + 600) \times 7\% = 441$（万元）。第一年涨价预备费 $= (3\,000 + 2\,700 + 600 + 441) \times 30\% \times [(1+4\%)(1+4\%)^{0.5} - 1] \approx 122.54$（万元）；第二年涨价预备费 $= (3\,000 + 2\,700 + 600 + 441) \times 50\% \times [(1+4\%)(1+4\%)^{0.5}(1+4\%) - 1] \approx 347.23$（万元）；第三年涨价预备费 $= (3\,000 + 2\,700 + 600 + 441) \times 30\% \times [(1+4\%)(1+4\%)^{0.5}(1+4\%)^2 - 1] \approx 297.56$（万元）。涨价预备费合计 $= 122.54 + 347.23 + 297.56 = 767.33$（万元）。

15. C【解析】$q_1 = (P_0 + 1/2 A_1) \times i = (0 + 1/2 \times 500) \times 5\% = 12.5$（万元）；$q_2 = (P_1 + 1/2 A_2) \times i = (500 + 250 + 1/2 \times 600) \times 5\% = 52.5$（万元）。$q = q_1 + q_2 = 12.5 + 52.5 = 65.0$（万元）。

16. A【解析】根据公式，资金周转率 $=$ 产品的年产量 $\times$ 产品单件/总投资额 $= 120\,000 \times 10/1\,500\,000 = 0.80$。

17. D【解析】综合单价 $= 50\,000 \times (1+15\%)(1+5\%)/500 = 120.75$（元/立方米）。

18. A【解析】当工程量增加15%以上时，增加部分的工程综合单价应予调低；当工程量减少15%以上时，增加部分的工程综合单价应予调高，选项B、C错误。调整后的综合单价的确定方法包括：①由发承包双方协商确定；②在招标控制价的基础上进行调整。选项D错误。

19. A【解析】行政事业单位及国有和国有控股企业使用财政资金的建设项目，完工可投入使用或者试运行合格后，应当在3个月内编报竣工财务决算。特殊情况确需延长的，中小型项目不得超过2个月，大型项目不得超过6个月。

20. A【解析】实际进度比计划进度延长6天，而该工作的总时差为5天，自由时差为4天，则使总工期推后1天（6-5），使其紧后工作的最早开始时间推后2天（6-4）。

21. D【解析】最早开始时间等于各紧前工作的最早完成时间的最大值，即工作N的最早开始时间 $= \max\{18, 19, 20, 21\} = 21$。

22. C【解析】在单代号网络计划中，工作总时差 $= \min\{$与其紧后工作的时间间隔 $+$ 相应紧后工作的总时差$\} = \min\{(6+2),(3+6)\} = \min\{8, 9\} = 8$（周）。

23. B【解析】某工作进度拖后，则受影响的工作一定是该工作的紧后工作。

24. A【解析】总时差是在不影响总工期的前提下，本工作可以利用的最大机动时间；自由时差是在不影响其紧后工作最早开始时间的前提下，本工作可以利用的机动时间。

25. B【解析】工作D的实际进度拖后2周，将使其后续工作F的最早开始时间推迟2周，并使总工期延长1周，选项A错误。工作C的实际进度拖后2周，将会使工作H的最早开始时间推迟2周，但不会影响总工期，选项C错误。工作C的实际进度拖后2周，将会使工作G的最早开始时间推迟2周，总工期也会推迟2周，选项D错误。

26. A【解析】投标保证金不得超过招标项目估算价的2%。本题预计的工程造价为2 000万元，则投标保证金上限 $= 2\,000 \times 2\% = 40$（万元）。

27. B【解析】超过1/3的评标委员会成员认为评标时间不够，招标人应适当延长，选项B错误。

28. D【解析】招标文件包括：①招标公告（或投标邀请书）；②投标人须知；③评标办法；④合同条款及格式；⑤发包人要求；⑥投标文件格式；⑦投标人须知前附表规定的其他材料。

29. B【解析】招标准备阶段投标人的工作包括进行市场调研、组成投标小组、收集招标信息和准备投标资料。选项A、C、D属于招标人的工作。

30. B【解析】招标文件要求中标人提交履约保证金的，中标人应当按照招标文件的要求提交。履约保证金不得超过中标合同金额的10%。

31. B【解析】发包人应当及时接收勘察人提交的勘察文件；如无正当理由拒收的，视为发包人已接收勘察文件。发包人接收勘察文件时，应向勘察人出具文件签收凭证，凭证内容包括文件名称、文件内容、文件形式、份数、提交和接收日期、提交人与接收人的亲笔签名等。

32. C【解析】承包人应在收到变更指示或变更意向书后的14天内，向监理人提交变更报价书，详细开列变更工作的价格组成及其依据，并附必要的施工方法说明和有关图纸。

33. D【解析】发包人应根据工程施工需要，负责办理取得出入施工场地的专用和临时道路的通行权。

34. B【解析】工程施工合同（ECC）文本的主要选项条款中，选项A适用于固定价格承包。选项B适用于综合单价计量承包。选项E适用于工程范围界定尚不明确，甚至以目标合同为基础也不够充分，而且又要求尽早动工的情形，工程成本实报实销，另按合同约定的工程成本一定百分比作为承包商收入。选项F适用于施工管理承包，管理承包商与业主签订管理承包合同，不直接承担施工任务，以管理费用和估算的分包合同总价报价；管理承包商与若干施工分包商订立分包合同，确定的分包合同旅行费用由业主支付。

35. A【解析】独立性是工程监理单位公平地实施监理的基本前提。

36. B【解析】《建设工程质量管理条例》规定，监理工程师因过错造成质量事故的，责令停止执业1年；造成重大质量事故的，吊销执业资格证书，5年内不予注册；情节特别恶劣的，终身不予注册。

37. B【解析】由于风险集中，试车期安装工程一切险的保险费通常要占整个工期保费的1/3左右。

38. A【解析】BIM建模软件一般将模型元素分为模型图元、视图图元和标注图元。模型图元是BIM模型的核心元素，是对建筑实体最直接的反映。

39. D【解析】智慧城市顶层设计遵循的基本原则中的绿色发展，是指考虑城市资源环境承载力，以实现可持续发展、节能环保发展、低碳循环发展为导向。

40. B【解析】住房和城乡建设部印发的《"十三五"装配式建筑行动方案》，用一系列定量指标来推动装配式建筑发展。到2020年，全国装配式建筑占新建建筑的比例达到15%以上，其中重点推进地区达到20%以上，积极推进地区达到15%以上，鼓励推进地区达到10%以上。

41. A【解析】监理员应履行的职责包括：①检查施工单位投入工程的人力、主要设备的使用及运行状况；②进行见证取样；③复核工程计量有关数据；④检查工序施工结果；⑤发现施工作业中的问题，及时指出并向专业监理工程师报告。选项B、C、D属于专业监理工程师职责。

42. B【解析】工程风险识别是风险管理的第一步，能否将工程潜在的重大风险都识别出来，决定了风险管理效果。可以按下列四个步骤进行工程风险识别：①收集和整理相关信息资料；②建立工程风险初始清单；③进行风险归集和分类；④编制工程风险清单。

43. D【解析】场地设计主要包括场地分析、场地平整、边坡处理和道路布设。

44. C【解析】装配式混凝土结构抵抗竖向及水平荷载的基本单元主要为框架和剪力墙。这些基本单元及其变组组成了各种结构体系。从结构形式上可分为剪力墙结构、框架结构、框架—现浇剪力墙结构等。

45. B【解析】智能建筑以增强建筑物科技功能、提升智能化系统的技术和绿色建筑为目标，追求功能实用、技术适时、安全高效、运营规范和经济合理。

46. B【解析】控制项是绿色建筑的必备条件，涉及相关标准中的强制性条文规定，控制项的评分结果是达标或不达标。评分项和加分项为划分绿色建筑等级的可选条件，评分项和加分项的评定结果是分值。

47. A【解析】装配式建筑等级评价主要考虑建筑主体结构、围护墙和内隔墙、装修和设备管线等方面所采用的装配比例，并用装配率予以表示。

48. B【解析】发包人在收到承包人竣工验收申请报告56天后未进行验收，视为验收合格。实际竣工日期以提交竣工验收申请报告的日期为准，但发包人由于不可抗力不能进行验收的情况除外。

49. D【解析】《建设工程监理规范》（GB/T 50319—2013）规定，监理实施细则的内容包括：①专业工程特点；②监理工作流程；③监理工作要点；④监理工作方法及措施。

50. A【解析】按风险发生的原因分类，工程风险可分为自然风险、政治风险、社会风险、经济风险和金融风险。

51. B【解析】装配式建筑等级应划分为A级、AA级、AAA级。装配率为60%~75%时，评级为A级装配式建筑。装配率为76%~90%时，评级为AA级装配式建筑。装配率为91%及以上时，评级为AAA级装配式建筑。

52. C【解析】工程保险不仅承保被保险人财产损失的风险，同时还承保被保险人的责任保险。选项C错误。

53. D【解析】BIM 5D模型包括建筑构件信息、进度信息、WBS信息、预算信息及其相互关联关系。

54. C【解析】装配式组合结构是一个广义概念，是指建筑的结构系统及外围护系统由不同的材料预制构件装配而成。例如，钢结构建筑中采用混凝土叠合楼板、装配式混凝土厂房采用钢结构屋架、装配式钢筋混凝土外筒与钢结构柱梁组合等。装配置组合结构的基本条件是：①由不同材料制作的预制构件装配而成；②预制构件是结构系统或外围护系统构件。按照上述要求，在钢管柱内现浇混凝土，虽然是两种材料组合，但应不识预制构件，因此不能算作装配式组合结构。

55. D【解析】《建设工程质量保证金管理办法》（建质〔2017〕138号）规定，发包人应按照合同约定方式预留工程质量保证金，保证金总预留比例不得高于工程价款结算总额的3%。

56. A【解析】工程风险评价常用的方法有主观评分法、蒙特卡洛法和等风险图法。

57. C【解析】按保障范围不同，工程保险可分为建筑工程一切险、安装工程一切险、职业责任保险、意外伤害保险、保证保险、十年责任险和机动车辆险等。

58. D【解析】《建设工程监理范围和规模标准规定》（建设部令第86号）进一步细化了必须实行监理的工程范围和规模标准，具体为：①国家重点建设工程；②大中型公用事业工程；③成片开发建设的住宅小区工程；④利用外国政府或者国际组织贷款、援助资金的工程；⑤国家规定必须实行监理的其他工程。

59. D【解析】人—信息—物理系统揭示了新一代智能制造技术机理，能够有效指导新一代智能制造理论研究和工程实践。

60. C【解析】建筑工程保险的标的从开工以后逐步增加，保险额也逐步提高，而安装工程一切险的保险标的一开始就存放于工地，保险人一开始就承担着全部货价的风险。在机器设备安装好后，试车、考核和保证阶段风险最大。

二、多项选择题

61. CDE【解析】影响房地产市场的供给因素包括土地供应量、房地产市场价格、房地产开发成本、房地产开发建设技术水平、政府政策、房地产开发企业和拥有者对未来的预期。选项A、B属于影响房地产市场需求的因素。

62. ADE【解析】资金在不同时点具有不同的价值，这是由于资金在周转使用中，因货币增值、通货膨胀、补偿风险因素等，其数量会随着时间推移而变动，变动的这部分资金就是原有资金的时间价值。

63. ABD【解析】财务盈利能力分析的主要指标包括内部收益率、净现值、投资回收期、净年值、净现值率、总投资收益率、资本金净利润率等。选项C、E属于偿债能力分析指标。

64. ABC【解析】应进行经济费用效益分析的项目类型有：①具有垄断特征的项目；②产出具有公共产品特征的项目；③外部效果显著的项目；④资源开发项目；⑤涉及国家经济安全的项目；⑥受过度行政干预的项目。

65. AB【解析】房地产开发项目前期策划的主要工作内容包括环境分析、市场定位、运行建议、经济评价。

66. ABE【解析】经营成本＝外购原材料、燃料和动力费＋工资及福利费＋修理费＋其他费用。因此，会受选项A、B、E的影响。

67. ABCD【解析】分部分项工程量清单应载明项目编码、项目名称、项目特征、计量单位和工程量五个要件。

68. CD【解析】题目中没有说明工作K、工作M之间的逻辑关系，所以无法判断这两项工作的时间间隔，选项A错误。自由时差是小于等于总时差的，选项B、E错误。在单代号网络计划中，工作的总时差＝min｛与紧后工作的时间间隔＋对应紧后工作的总时差｝＝min｛(3+5), (6+3)｝＝min｛8, 9｝＝8，选项C正确。自由时差为与紧后工作时间间隔的最小值，选项D正确。

69. ADE【解析】总时差是指在不影响总工期的前提下，本工作可以利用的机动时间。自由时差是指在不影响其紧后工作最早开始的前提下，本工作可以利用的机动时间。工作总时差为零，自由时差一定为零。

70. ABC【解析】依法必须进行招标的项目，其评标委员会由招标人代表和有关技术、经济等方面的专家组成，成员人数为5人以上单数。其中，技术、经济等方面的专家不得少于成员总数的2/3。评标委员会专家成员应当从国务院有关部门或省、自治区、直辖市人民政府有关部门提供的专家名册或者招标代理机构的专家库内的相关专业的专家名单中确定。一般招标项目可以采取随机抽取方式，特殊招标项目可以由招标人直接确定。与投标人有利害关系的人不得进入相关项目的评标委员会，已经进入的应当进行更换。评标委员会成员的名单在中标结果确定前应当保密。

71. BCE【解析】《中华人民共和国民法典》规定，建设工程合同是承包人进行工程建设，发包人支付价款的合同。建设工程合同包括工程勘察合同、工程设计合同和施工合同。

72. ABDE【解析】项目监理机构应根据工程监理合同约定，除检查审查有关文件资料、管理制度、人员资格外，主要采用巡视、平行检验、旁站、见证取样等方式实施监理。

73. ABCD【解析】由于项目实施阶段涉及范围广、参与者众多、过程复杂等原因，业主或开发商会面临更多风险，包括政府或主管部门对工程项目干预太多、勘察设计工作不到位、合同条款不严谨、承包商缺乏合作诚意、监理工程师失职、材料或设备供应商履约不力等风险。

74. ACDE【解析】装配式组合结构的缺点或局限性包括：①结构计算复杂，有的装配式组合结构无适宜的受力模型和计算软件对应；②不同材料构件的连接设计缺少标准支持；③制作和施工安装需要更紧密的协调；④对施工管理要求高。装配式组合结构的优点之一是可使施工更便利。选项B错误。

75. ACD【解析】总监理工程师不得将下列工作委托给总监理工程师代表：①组织编制监理规划，审批监理实施细则；②根据工程进展及监理工作情况调配监理人员；③组织审查施工组织设计、（专项）施工方案；④签发工程开工令、暂停令和复工令；⑤签发工程款支付证书，组织审核竣工结算；⑥调解建设单位与施工单位的合同争议，处理工程索赔；⑦审查施工单位的竣工申请，组织工程竣工预验收，组织编写工程质量评估报告，参与工程竣工验收；⑧参与或配合工程质量安全事故的调查和处理。

76. ABDE【解析】BIM技术发展趋势可归纳为：基于BIM的特性及工程建设中遇到的实际问题，更多新的BIM应用点将被确定，并带动BIM应用软件发展；而BIM应用软件将朝着新BIM应用软件的开发、现有软件的二次开发和完善及BIM应用软件与管理软件的集成三者并行的方向发展；此外，BIM应用标准的发展可为BIM技术的应用和发展创造一个良好的环境，而BIM应用标准的编制将朝着更多地借鉴国外先进经验、更加实用的方向发展。

77. ABD【解析】轻型木结构是指主要采用规格材及木基结构板材或石膏板制作的木构架墙体、木楼盖和木屋盖系统构成的单层或多层建筑结构。它具有施工简便、材料成本低、抗震性能好等优点，适用于3层及以下的民用建筑。

78. ACDE【解析】装配式建筑应同时满足以下要求：①主体结构部分的评价分值不低于20分；②围护墙和内隔墙部分的评价分值不低于10分；③采用全装修；④装配率不低于50%。

79. ACDE【解析】工程监理性质可概括为服务性、科学性、独立性和公平性四个方面。

80. ABCE【解析】室内主要空气污染物包括氡、甲醛、苯、总挥发性有机物、氨、可吸入颗粒物等，其浓度降低基准为现行国家标准《室内空气质量标准》（GB/T 18883—2002）的有关要求。

三、案例分析题

（一）

81. AB【解析】中标人不得向他人转让中标项目，也不得将中标项目肢解后分别向他人转让。中标人按照合同约定或者经招标人同意，可以将中标项目的部分非主体、非关键性工作分包给他人完成。接受分包的人应当具备相应的资格条件，并不得再次分包。中标人应当就分包项目向招标人负责，接受分包的人就分包项目承担连带责任。

82. ABD【解析】建设单位重新检验隐蔽工程，并且重新检验质量合格，施工单位可以索赔费用、工期和利润。

83. A【解析】经监理人检查质量合格或监理人未按约定的时间进行检查的，承包人覆盖工程隐蔽部位后，监理人对质量有疑问的，可要求承包人对已覆盖的部分进行钻孔探测或揭开重新检验。经检验证明工程质量符合合同要求的，由发包人承担由此增加的费用和（或）工期延误，并支付承包人合理利润；经检验证明工程质量不符合合同要求的，由此增加的费用和（或）工期延误由承包人承担。

84. D【解析】承包人应在引起索赔事件发生后的28天内，向监理人递交索赔意向通知书，并说明发生索赔事件的理由。承包人应在发出索赔意向通知书后28天内，向监理人递交正式的索赔通知书，详细说明索赔理由以及要求追加的付款金额和（或）延长的工期，并附必要的记录和证明材料。

85. C【解析】当事人对建设工程开工日期有争议的，人民法院应当分别按以下情形予以认定：开工日期为发包人或者监理人发出的开工通知载明的开工日期；开工通知发出后，尚不具备开工条件的，以开工条件具备的时间为开工日期；因承包人原因导致开工时间推迟的，以开工通知载明的时间为开工日期。承包人经发包人同意已经实际进场施工的，以实际进场施工时间为开工日期。发包人或者监理人未发出开工通知，亦无相关证据证明实际开工日期的，应当综合考虑开工报告、合同、施工许可证、竣工验收报告或者竣工验收备案表等载明的时间，并结合是否具备开工条件的事实，认定开工日期。

（二）

86. ABD【解析】基于BIM的工程预算包括两方面：①基于BIM的工程量计算；②基于BIM的工程计价。基于BIM的工程量计算软件形成了算量模型，并给予模型进行精确算量，算量结果可直接导入BIM计价软件进行组价，组价结果自动与模型进行关联，最终形成预算模型。

87. C【解析】BIM在工程造价管理中的应用价值主要体现在以下七个方面：①提高工程量计算准确性；②更好地控制设计变更；③提高项目策划的准确性和可行性；④积累和共享造价数据；⑤提高工程造价数据的时效性；⑥支持不同阶段的成本控制；⑦支撑不同维度多算对比分析。

88. BCD【解析】基于BIM的工程预算具有以下特点：①基于模型的工程量计算和计价一体化；②工程造价调整更加快捷；③深化设计可降低额外费用产生；④BIM 5D辅助工程造价全过程管理。

89. ABD【解析】基于BIM的5D模拟与方案优化应用包括：①合理安排施工进度；②施工方案的造价分析及优化；③优化资金使用计划。

90. ABD【解析】BIM 5D模型包括建筑构件信息、进度信息、WBS信息、预算信息及其相互关联关系。

（三）

91. ABD【解析】建设项目可行性研究分为投资机会研究、初步可行性研究、详细可行性研究、项目评估决策四个阶段。

92. AB【解析】在财务评价基础上进行国民经济评价时，首先剔除在财务评价中已经计算为效益或费用的转移支付，增加财务评价中未反映的间接效益和间接费用，并以此为基础计算项目的国民经济评价指标。

93. BC【解析】国民经济评价着眼于项目对社会提供的有用产品、服务及项目所耗费的全社会有用资源来考察项目的效益和费用，税金、国内贷款利息、补贴等不计为项目的效益和费用。

94. ACD【解析】根据《中华人民共和国环境影响评价法》，环境影响评价是指对规划和建设项目实施后可能造成的环境影响进行分析、预测和评估，提出预防或减轻不良环境影响的对策和措施，进行跟踪监测的方法与制度。

95. A【解析】对于可能造成重大环境影响的，应当编制环境影响报告书，对产生的环境影响进行全面评价。

（四）

96. C【解析】凡自始至终不出现波形线的线路即为关键线路。因此，该工程项目进度计划的关键线路为①—②—⑥—⑨—⑩。

97. AC【解析】在网络计划中，相对于某工作来说，其紧前工作是紧排在该工作之前的工作。本题中，工作H的紧前工作有工作A和工作D。

98. B【解析】从网络计划图中可以看出，工作F的最早完成时间为第9周，工作J的最早完成时间为第12周，计划工期为14周，工作J的总时差为2周，工作F与工作J的时间间隔为0周，即工作F的总时差为2周。因此，工作F的最迟完成时间=最早完成时间+总时差=9+2=11（周）。

99. ABD【解析】当工作实际进展位置点落在检查日期的左侧，表明该工作实际进度拖后，拖后的时间为二者之差；当工作实际进展位置点与检查日期重合，表明该工作实际进度与计划进度一致；当工作实际进展位置点落在检查日期的右侧，表明该工作实际进度超前，超前的时间为二者之差。从双代号时标网络计划图可以看出，工作F的实际进度比计划进度拖后2周，工作H的实际进度比计划进度拖后1周，工作E的实际进度比计划进度拖后3周。

100. ABC【解析】工作F的实际进度比计划进度拖后2周，将使工作J的最早开始时间推迟2周，由于工作F的总时差为2周，将不会影响总工期。工作H的实际进度比计划进度拖后1周，其自由时差为1周，故总时差≥1周，因此不会影响总工期。工作E的实际进度比计划进度拖后3周，将使总工期推迟3周。

《建筑与房地产经济专业知识与实务》（中级）押题模拟试卷（四）

一、单项选择题

1. D【解析】影响房地产市场需求的因素包括国民经济发展水平，房地产资本收益，利率水平，通货膨胀，消费者收入水平和结构，房地产价格、其他商品价格及消费结构，消费者对未来的预期。选项D属于影响房地产市场供给的因素。

2. B【解析】层次性表现在同一区域内房地产供给与需求存在档次、标准等差异，如高档住宅市场、普通住宅市场。

3. B【解析】对于《政府核准的投资项目目录》以外的企业投资项目，实行备案制。

4. D【解析】求该债券最多用多少元购买，即求10%收益下的该债券净现值=1 000×(8%/2)×(F/A, 4%, 6)×(P/F, 10%, 3)+1 000×(P/F, 10%, 3)≈950.63（元）。

5. B【解析】盈亏平衡点的生产负荷率越小，则项目风险越小，说明项目可以承受较大的风险；该值越大，则风险越大，项目所承受风险的能力越差。

6. D【解析】根据公式，$Q^* = F/(P-V) = 2\,000\,000/(1\,000-600) = 5\,000$（件）。

7. C【解析】寿命期相等的互斥方案的比选可以采用净现值法、增量内部收益率和增量净现值法。

8. C【解析】根据公式，资产负债率=期末负债总额/期末资产总额×100%=3 000/8 000×100%=37.5%。

9. B【解析】该项目的累计折现净现金流量从第5年开始出现正值，根据公式，动态投资回收期＝（累计折现净现金流量出现正值的年份数－1）＋上年累计折现净现金流量的绝对值/当年折现净现金流量＝（5－1）＋8.11/31.05≈4.26（年）。

10. D【解析】功能评价方法包括01评分法、04评分法、直接评分法、倍比法。其中，倍比法是指比较评价对象之间的相关性来评定功能评价系数。

11. B【解析】利用价值工程进行方案比选的步骤如下：①确定评价对象并收集基础资料；②分析评价对象的各项功能；③确定评价对象的功能重要性权重；④计算不同方案的功能成本系数和功能系数；⑤计算各功能的价值系数，以较大者为优。

12. D【解析】房地产开发项目主题创意应满足：①易于展示和传播；②凸显项目的内在品质；③与目标客户的需求相吻合；④与项目所处地区的资源相协调，这是房地产开发项目主题创意的基础。

13. A【解析】对于可能造成重大环境影响的项目，应当编制环境影响报告书，对产生的环境影响进行全面评价。

14. D【解析】建设项目环境影响报告书、环境影响报告表自批准之日起满5年，建设项目方决定该项目开工建设的，其环境影响报告书、环境影响报告表应当报原审批部门重新审核。

15. A【解析】财务评价对投入物和产出物采用现行价格，国民经济评价采用根据机会成本和供求关系确定的影子价格，选项A正确，选项B错误。财务评价只计算项目的直接效益与费用，选项C错误。国民经济评价也称为宏观评价，选项D错误。

16. B【解析】贷款机构在接到项目贷款申请时，需要自行或委托专门的咨询机构对可行性研究报告进行评估，根据评估结论进行贷款决策，选项B错误。

17. A【解析】建筑安装工程费划分为人工费、材料费、施工机具使用费、企业管理费、利润、规费和税金。其中，企业管理费包括管理人员工资、办公费、差旅交通费、固定资产使用费、工具用具使用费、劳动保险和职工福利费、劳动保护费、检验试验费、工会经费、职工教育经费、财产保险费、财务费、税金及其他。

18. B【解析】生产性建设项目的总投资包括建设投资、建设期利息和流动资金。其中，建设投资由工程费用、工程建设其他费用和预备费三部分构成。

19. A【解析】进口增值税是我国政府对从事进口贸易的单位和个人，在进口商品报关进口后征收的税种。我国增值税条例规定，进口应税产品均按组成计税价格和增值税税率直接计算应纳税额，即：进口增值税额＝组成计税价格×增值税税率，组成计税价格＝关税完税价格＋关税＋消费税。

20. B【解析】投票报价编制原则中其他项目费的报价原则包括：①暂列金额应按招标工程量清单中列出的金额填写。②材料暂估价应按招标工程量清单中列出的单价计入综合单价；专业工程暂估价应按招标工程量清单中列出的金额填写。③计日工按招标工程量清单中列出的项目和数量，自主确定综合单价并计算计日工费用。④总承包服务费根据招标文件中列出的内容和提出的要求自主确定。

21. D【解析】建设期利息第 j 年的利息计算公式为 $q_j=[P_{j-1}+1/2A_j]\times i$，则建设项目的第一年的利息＝（0＋1/2×600）×8%＝24（万元），建设项目的第二年利息＝（600＋24＋1/2×600）×8%＝73.92（万元），建设项目的第三年利息＝（600＋24＋73.92＋1/2×600）×8%≈79.83（万元）。应计入建设工程的建设利息＝24＋73.92＋79.83＝177.75（万元）。

22. A【解析】虚工作既不占用时间，也不消耗资源。

23. A【解析】工作H的最早完成时间为：6＋6＝12（天）；工作H的最迟完成时间为：min{15, 17, 19}＝15（天）；工作H的总时差＝最迟完成时间－最早完成时间＝15－12＝3（天）。

24. C【解析】在双代号网络计划中，最早开始时间等于各紧前工作的最早完成时间的最大值。工作M的三项紧前工作的最早完成时间分别为第19周（10＋9）、第18周（12＋6）、第17周（14＋3），故工作M的最早开始时间是第19周。

25. D【解析】在单代号网络计划中，总时差最小的工作为关键工作。将关键工作相连，并保证相邻两项关键工作之间的时间间隔为零的线路为关键线路。

26. C【解析】尚有总时差小于原有总时差，且仍为非负值，实际进度拖后，拖后的时间为二者之差，但不影响总工期。选项C错误。

27. B【解析】可不进行招标的建设工程项目包括：①需要采用不可替代的专利或者专有技术的；②采购人依法能够自行建设、生产或者提供的；③已通过招标方式选定的特许经营项目投资人依法能够自行建设、生产或者提供的；④需要向原中标人采购工程、货物或服务，否则将影响施工或者功能配套要求的；⑤国家规定的其他特殊情形。

28. C【解析】有下列情形之一的，评标委员会应当否决其投标：①投标文件未经投标单位盖章和单位负责人签字；②投标联合体没有提交共同投标协议；③投标人不符合国家或者招标文件规定的资格条件；④同一投标人提交两个以上不同的投标文件或者投标报价，但招标文件要求提交备选投标的除外；⑤投标报价低于成本或者高于招标文件设定的最高投标限价；⑥投标文件没有对招标文件的实质性要求和条件作出响应；⑦投标人有串通投标、弄虚作假、行贿等违法行为。

29. C【解析】评标委员会成员人数为5人以上单数，其中技术、经济方面的专家不少于2/3，即15×2/3＝10（人）。

30. D【解析】能够早日结算的项目可以适当提高报价，以利资金周转，提高资金时间价值；后期工程项目的报价可以适当降低。选项D错误。

31. C【解析】监理人应在收到索赔通知书或有关索赔的进一步证明材料后的42天内，将索赔处理结果答复承包人。

32. A【解析】缺陷责任期一般为1年，最长不超过2年。

33. D【解析】工程监理单位有下列行为之一的，责令改正，处50万元以上100万元以下的罚款，降低资质等级或者吊销资质证书；有违法所得的，予以没收；造成损失的，承担连带赔偿责任：①与建设单位或者施工单位串通，弄虚作假、降低工程质量的；②将不合格的建设工程、建筑材料、建筑构配件和设备按照合格签字的。

34. B【解析】按风险造成的后果分类，工程风险可分为纯粹风险和投机风险。

35. D【解析】责任免除可划分为绝对责任免除和相对责任免除。其中，绝对责任免除包括不可抗力、他人责任、被保险人责任等。选项D属于相对责任免除。

36. B【解析】风险转移的目的不是降低风险发生的概率和减轻不利后果，而是通过合同或协议，将风险损失的一部分转移给有能力承受或控制工程风险的个人或组织中。选项B错误。

37. C【解析】普通财产保险的保险金额在保险期限内是相对固定不变的，但工程保险的保险金额在保险期限内是随着工程建设进度不断增长的。因此，在保险期限内任一时点，同一工程的工程保险金额是不同的。选项C错误。

38. C【解析】监理规划应在签订工程监理合同及收到工程设计文件后，由总监理工程师组织专业监理工程师编制。

39. D【解析】各类咨询设计服务单位分别与业主或开发商签订咨询服务合同，履行各自的职责。在履约过程中，会要求承担职业责任风险，包括：①勘察设计单位提供的设计方案不合理，或者存在较大失误；②工程咨询单位编制的投资估算、设计概算不准；③咨询设计服务单位的能力和水平不适应等。选项D属于来自业主或开发商的风险。

40. C【解析】利用BIM技术，可以通过可视化交流和信息共享来加强团队合作，改善传统的项目管理模式和信息沟通模式，实现建设工程策划、设计、采购、加强预制、现场施工的无缝对接，减少延误，大大缩短工期。这体现的是BIM技术提高业主对市场的反应速度方面的应用价值。

41. B【解析】外墙外保温工程是指将外保温系统通过施工或安装固定在外墙外表面上所形成的建筑构造实体，它具有适用范围广、保温隔热效果好、保护主体结构、改善室内环境等优点，但一旦出现裂缝等质量问题时维修比较困难。外墙内保温工程是指内保温系统通过设计、施工或安装，固定在外墙内表面上形成保温构造，它具有取材容易、施工方便等优点，缺点是饰面容易出现开裂、不便于室内二次装修和吊挂饰物、占用室内使用空间、容易引起热桥、热量损失大等。

42. B【解析】到2020年，培育50个以上装配式建筑示范城市，200个以上装配式建筑产业基地，500个以上装配式建筑示范工程，建设30个以上装配式建筑科技创新基地，充分发挥示范引领和带动作用。

43. A【解析】装配整体式混凝土结构以湿连接为主要连接方式，是目前常用的装配式混凝土结构类型。

44. D【解析】木结构设计灵活，能够突破木材自身的尺寸限制，实现各种不同的设计。在施工过程中能够随时调整和更改空间布局、洞口位置，相较于钢筋混凝土结构更易改扩建，这体现的是木结构"建筑加工精度高"的特点。

45. A【解析】除专用合同条款另有约定外，主要勘察人员包括项目负责人、勘探负责人、试验负责人等，作业人员包括勘探描述（记录）员、机长、观测员、试验员等。

46. B【解析】缺陷责任期与工程保修期既有区别又有联系。缺陷责任期实质上是预留工程质量保证金的一个期限，而工程保修期是发承包双方按《建设工程质量管理条例》在工程质量保修书中约定的保修期限。缺陷责任期不能等同于工程保修期。

47. C【解析】风险回避是指当工程风险潜在威胁太大，不利后果也很严重，又无其他策略可用时，主动放弃项目或改变项目目标与行动方案，从而规避风险的一种策略。当工程项目的实施面临巨大风险，又没有有效办法控制风险，甚至保险公司也因风险太大拒绝承保时，就应考虑放弃项目实施，避免巨大的人员伤亡和财产损失。

48. A【解析】承包人应在引起索赔事件发生后的28天内，向监理人递交索赔意向通知书，并说明发生索赔事件的事由。

49. C【解析】室内声环境控制的措施包括：①噪声的传播控制；②掩蔽噪声；③吸声减噪；④建筑隔声；⑤建筑隔振与消声。

50. D【解析】装配式框架结构主要受力构件是柱、梁及楼板，墙体均为分隔墙，是非承重构件。

51. B【解析】《装配式建筑评价标准》适用于评价民用建筑的装配化程度，并采用装配率评价民用建筑的装配化程度。

52. D【解析】当评价项目满足入门条件，且主体结构竖向构件中预制部品部件的应用比例不低于35%时，可以进行装配式建筑等级评价。

53. A【解析】干式工法至少能带来四方面好处：①彻底规避不必要的技术间歇，可缩短装修工期；②从源头上杜绝湿作业带来的开裂、脱落、漏水等质量通病；③摒弃贴砖、刷漆等传统手艺，替代为技能相对通用化、更容易培训的装配工艺，摆脱传统手艺人青黄不接的窘境；④有利于翻新维护，简单工具即可快速实现维修，重置率高，翻新成本低。选项A属于管线与结构分离带来的好处。

54. B【解析】英国建筑研究院环境评价体系是由英国"建筑研究机构"在1990年制定的世界上第一个绿色建筑评价体系。

55. B【解析】LEED-EB是面向既有建筑营运管理的评估。

56. C【解析】正常使用的照明系统，按其灯具的布置方式可分为一般照明、分区一般照明、局部照明、混合照明四种方式。

57. C【解析】按其标的不同，工程设计责任险可分为年度责任险、项目责任险和多个项目险三类。

58. B【解析】蒙特卡洛法的基本原理是通过抓住事物运动过程的数量和物理特征，运用数学方法进行模拟，每一次模拟都描述系统可能出现的情况，经过成百上千次模拟后，即可得到一些有价值的结果。

59. D【解析】见证取样是指项目监理机构对施工单位进行的涉及结构安全的试块、试件及工程材料现场取样、封样、送检工作的监督活动。

60. D【解析】工程监理性质中，公平性是工程监理行业能够长期生存和发展的基本职业道德准则。

二、多项选择题

61. ABC【解析】工程项目在开工建设前要切实做好各项准备工作，主要内容包括：①征地、拆迁和场地平整；②完成施工用水、用电、通信、交通等准备工作；③组织招标选择工程监理单位、施工单位及设备、材料供应商；④准备必要的施工图纸；⑤办理质量监督和施工许可手续。选项D、E属于生产准备的主要工作。

62. BD【解析】不确定性分析的方法主要包括敏感性分析和盈亏平衡分析。

63. BCDE【解析】建设项目可行性研究分为投资机会研究、初步可行性研究、详细可行性研究、项目评估决策4个阶段。

64. ABD【解析】建设项目财务评价与国民经济评价的区别有：①评价角度不同；②效益和费用含义及划分范围不同；③评价采用的价格不同；④主要参数不同。

65. ACDE【解析】为保证可行性研究报告编写的质量，应切实做好编制前的准备工作，充分占有信息资料，进行科学分析比选论证，做到编制依据可靠、结构内容完整、文本格式规范、附图附表附件齐全，表述形式尽可能数字化、图表化，深度能满足投资决策和编制项目初步设计的需要。

66. BCE【解析】企业管理费包括管理人员工资、办公费、差旅交通费、固定资产使用费、工具用具使用费、劳动保险和职工福利费、劳动保护费、检验试验费、工会经费、职工教育经费、财产保险费、财务费、税金及其他。选项A属于人工费，选项D属于规费。

67. CD【解析】施工图预算编制方法主要有单价法和实物量法。选项A、B、E属于建筑单位工程概算编制方法。

68. ABC【解析】实物量法和单价法的最大区别在于中间步骤，也就是计算人工费、材料费、施工机械使用费三种费用之和的方法不同。

69. AD【解析】开始节点和完成节点均为关键节点的工作不一定是关键工作，选项A错误。两个关键节点间有多项工作，且工作间的非关键节点无其他内向箭线和外向箭线，这些工作中，除以关键节点为完成节点的工作自由时差等于总时差外，其余工作的自由时差均为零，选项D错误。

70. CE【解析】以不合理条件限制、排斥潜在投标人或者投标人的行为包括：①就同一招标项目向潜在投标人或者投标人提供有差别的项目信息；②设定的资格、技术、商务条件与招标项目的具体特点和实际需要不相适应或与合同履行无关；③依法必须进行招标的项目以特定行政区域或者特定行业的业绩、奖项作为加分条件或者中标条件；④对潜在投标人或者投标人采取不同的资格审查或者评标标准；⑤限定或者指定特定的专利、商标、品牌、原产地或者供应商；⑥依法必须进行招标的项目非法限定潜在投标人的所有制形式或者组织形式；⑦以其他不合理条件限制、排斥潜在投标人或者投标人。

71. ACD【解析】专业监理工程师应履行下列职责：①参与编制监理规划，负责编制监理实施细则；②审查施工单位提交的涉及本专业的报审文件，并向总监理工程师报告；③参与审核分包单位资格；④指导、检查监理员工作，定期向总监理工程师报告本专业监理工作实施情况；⑤检查进场的工程材料、构配件、设备的质量；⑥验收检验批、隐蔽工程、分项工程，参与验收分部工程；⑦处置发现的质量问题和安全事故隐患；⑧进行工程计量；⑨参与工程变更的审查和处理；⑩组织编写监理日志，参与编写监理月报；⑪收集、汇总、参与整理监理文件资料；⑫参与工程竣工预验收和竣工验收。选项B、E属于总监理工程师的职责。

72. ABE【解析】经承包人自检确认的工程隐蔽部位具备覆盖条件后，承包人应通知监理人在约定的期限内检查。承包人的通知应附有自检记录和必要的检查资料。监理人检查确认质量不合格的，承包人应在监理人指示的时间内修正返工后，由监理人重新检查。经监理人检查质量合格或监理人未按约定的时间进行检查的，承包人覆盖工程隐蔽部位后，监理人对质量有疑问的，可要求承包人对已覆盖的部位进行钻孔探测或揭开重新检查。经检验证明工程质量符合合同要求的，由发包人承担由此增加的费用和（或）工期延误，并支付承包人合理利润；经检验证明工程质量不符合合同要求的，由此增加的费用和（或）工期延误由承包人承担。

73. CD【解析】钢结构住宅主要包括低层轻钢结构住宅和多层及高层钢结构住宅两大类。

74. ABDE【解析】建筑施工应尽可能从以下方面减少建筑材料浪费及建筑垃圾产生：①采用建筑工业化的生产与施工方式；②采用科学严谨的材料预算方案，尽量降低竣工后建筑材料剩余率；③采用科学先进的施工组织和施工管理技术，使建筑垃圾产生量占建筑材料总用量的比例尽可能降低；④加强工程物资与仓库管理，避免优材劣用、长材短用、大材小用等不合理现象；⑤大力推行一次装修到位，减少耗材、耗能和环境污染；⑥尽量就地取材，减少建筑材料在运输过程中造成的损坏及浪费。

75. ABDE【解析】《建设工程监理范围和规模标准规定》（建设部令第86号）进一步细化了必须实行监理的工程范围和规模标准，具体如下：①国家重点建设工程。②大中型公用事业工程。大中型公用事业工程是指项目总投资额在3 000万元以上的下列工程项目：供水、供电、供气、供热等市政工程项目；科技、教育、文化等项目；体育、旅游、商业等项目；卫生、社会福利等项目；其他公共事业项目。③成片开发建设的住宅小区工程。建筑面积在50 000平方米以上的住宅建设工程必须实行监理；50 000平方米以下的住宅建设工程可以实行监理，具体范围和规模标准，由省、自治区、直辖市人民政府建设行政主管部门规定。④利用外国政府或者国际组织贷款、援助资金的工程。⑤国家规定必须实行监理的其他工程。

76. ACDE【解析】《建设工程监理规范》（GB/T 50319—2013）明确规定，监理规划内容包括：①工程概况；②监理工作的范围、内容、目标；③监理工作依据；④监理组织形式、人员配备及进退场计划、监理人员岗位职责；⑤监理工作制度；⑥工程质量控制；⑦工程造价控制；⑧工程进度控制；⑨安全生产管理的监理工作；⑩合同与信息管理；⑪组织协调；⑫监理工作设施。

77. ABCD【解析】通过BIM技术建立建筑物的几何模型和施工过程模型，可以实现对施工方案进行实时、交互和逼真模拟。虚拟施工技术是一个复杂系统工程，不仅包括建立建筑结构三维模型、搭建虚拟施工环境、定义建筑构件先后顺序、对施工过程进行虚拟仿真、管线综合碰撞检测及最优方案判定等不同阶段，同时还涉及建筑、结构、水暖电、安装、装饰等不同专业、不同人员之间的信息共享和协同工作。选项E属于基于BIM的工程造价管理。

78. BCDE【解析】装配式建筑的主要特征可以概括为"六化"，即标准化设计、工厂化生产、装配化施工、一体化装修、信息化管理、智能化应用。

79. CD【解析】申请项目在满足所有评估前提条件后，评估结果则按评估要点和创新分的满足情况分为四个认证级别：①认证级，满足至少40%的评估点要求（选项C错误）；②银级，满足至少50%的评估点要求（选项D错误）；③金级，满足至少60%的评估点要求；④白金级，满足至少80%的评估点要求。

80. ADE【解析】智慧城市评价指标设计原则包括导引性、代表性、人本性、规范性、可操作性和系统性。

三、案例分析题

（一）

81. C【解析】假设盈亏平衡点的销售数量为Q，则$160Q = 1\,000\,000 + 60Q$，解得$Q = 10\,000$（件）。

82. D【解析】生产负荷率＝盈亏平衡点产量/设计能力产量×100%＝10 000/12 000×100%≈83.3%。

83. A 【解析】E（利润）$=PQ-(F+VQ)=160\times12\,000-(1\,000\,000+60\times12\,000)=200\,000$（元）$=20$（万元）。

84. BCD 【解析】根据盈亏平衡点公式$Q^*=F/(P-V)$，在进行盈亏平衡分析时，需假定一定时期内固定成本、单位产品的销售价格、单位产品的变动成本都保持一个确定的量值。

85. BD 【解析】盈亏平衡分析可分为线性盈亏平衡分析和非线性盈亏平衡分析。

（二）

86. A 【解析】互斥方案是指在若干方案中，选择其中任一方案，其他方案必然会被排斥的一组方案。根据题意，要从A、B两种吊装设备中选择一种有利的方案，因此A、B方案是互斥方案。

87. BD 【解析】寿命期相等的互斥方案比选可采用净现值法、增量内部收益率法和增量净现值法。

88. ABC 【解析】对于寿命期不等的互斥方案比选，常用的方法有最小公倍数法、净年值法和研究期法。

89. C 【解析】已知A设备的价格，求年度投资费用，即已知现值P，求年值A。根据公式，$A=P\times(A/P,i,n)$。本题中，A设备的年度投资费用$=700\times(A/P,10\%,4)=700\times0.315\,47\approx220.83$（万元）。

90. D 【解析】已知B设备的价格，求年度投资费用，即已知现值P，求年值A。根据公式，$A=P(A/P,i,n)$。本题中，B设备的年度投资费用$=1\,400\times(A/P,10\%,8)=1\,400\times0.187\,44\approx262.42$（万元）。

（三）

91. B 【解析】投标人应当在招标文件要求提交投标文件的截止时间前，将投标文件送达投标地点。在招标文件要求提交投标文件的截止时间后送达的投标文件，招标人应当拒收。本题中，在开标前共收到有效投标文件6份。

92. CD 【解析】依法必须进行招标的项目，其评标委员会由招标人的代表和有关技术、经济等方面的专家组成，成员人数为5人以上单数。其中，技术、经济等方面的专家不得少于成员总数的2/3。评标委员会专家成员应当从国务院有关部门或者省、自治区、直辖市人民政府有关部门提供的专家名册或者招标代理机构的专家库内的相关专业的专家名单中确定。一般招标项目（本题中普通住宅楼项目属一般招标项目）可以采取随机抽取方式，特殊招标项目可以由招标人直接确定。

93. B 【解析】有下列情形之一的，评标委员会应当否决其投标：①投标文件未经投标单位盖章和单位负责人签字；②投标联合体没有提交共同投标协议；③投标人不符合国家或者招标文件规定的资格条件；④同一投标人提交两个以上不同的投标文件或者投标报价，但招标文件要求提交备选投标的除外；⑤投标报价低于成本或者高于招标文件设定的最高投标限价；⑥投标文件没有对招标文件的实质性要求和条件作出响应；⑦投标人有串通投标、弄虚作假、行贿等违法行为。

94. C 【解析】投标文件中有含义不明确的内容、明显文字或计算错误，评标委员会认为需要投标人作出必要澄清、说明的，应当书面通知该投标人。投标人的澄清、说明应当采用书面形式，并不得超出投标文件的范围或者改变投标文件的实质性内容。

95. D 【解析】招标人和中标人应当自中标通知书发出之日起30日内，按照招标文件和中标人的投标文件订立书面合同。

（四）

96. ACD 【解析】基于BIM技术的工程造价过程控制包括两个阶段：①施工前阶段。进行基于BIM的工程量精确计算、计价工作后，基于BIM模型进行施工模拟，不断优化方案，提高计划的合理性，提高资源利用率，这样可以减少施工阶段可能存在的错误损失和返工的可能性，减少潜在的经济损失。②施工阶段。基于BIM 5D模型，可及时生成材料采购计划、劳动力入场计划和资金需用计划等，借助BIM模型中材料数据库信息，严格按照合同控制材料用量，确定合理的材料价格，发挥"限额领料"的真正效用。同时，基于三维模型，自动进行变更工程量计算和计价、工程计量和结算，相应变更和计量记录自动保存，方便查询；并能够实时把握工程成本信息，实现施工成本动态管理，通过成本多算对比提高成本分析能力。

97. C 【解析】BIM技术在工程施工阶段的应用包括基于BIM的深化设计与数字化加工、基于BIM的虚拟建造、基于BIM的施工现场临时设施规划、基于BIM的施工进度管理、基于BIM工程造价管理。

98. C 【解析】BIM技术在工程施工阶段的应用包括基于BIM的深化设计与数字化加工、基于BIM的虚拟建造、基于BIM的施工现场临时设施规划、基于BIM的施工进度管理、基于BIM工程造价管理。其中，基于BIM的施工现场临时设施规划，可对施工场地进行布置，合理安排塔吊、库房、加工场地和生活区等位置，解决现场施工场地平面布置问题，解决场地划分问题；通过与业主的可视化沟通协调，对施工场地进行优化，选择最优施工路线。

99. C 【解析】BIM技术在规划设计阶段的应用包括BIM在设计前期阶段的应用、BIM在方案设计阶段的应用、BIM在初步设计阶段的应用、BIM在施工图设计阶段的应用、BIM设计的延伸应用五个方面。

100. BCD 【解析】BIM技术在工程量计算中的应用主要包括：①基于三维模型的工程量计算；②工程量自动计算；③关联构件的扣减计算；④异型构件工程量计算。

《建筑与房地产经济专业知识与实务》（中级）押题模拟试卷（五）

一、单项选择题

1. B 【解析】房地产开发企业应当自竣工验收合格之日起15日内，将建设工程竣工验收报告和规划、公安消防、环保等部门出具的认可文件或者准许使用文件报建设行政主管部门或其他有关部门备案。

2. C 【解析】建设项目用地预审与选址意见书有效期为3年，自批准之日起计算。

3. B 【解析】投资性房地产需求的存在对房地产市场有双重作用。因此，应对房地产投资性需求加以适度控制。国际上通行的适度量化标准是，投资性购房量控制在房地产交易总量的20%以下。

4. D 【解析】施工图审查机构对施工图审查的内容包括：①是否符合工程建设强制性标准；②地基基础和主体结构的安全性；③消防安全性；④人防工程（不含人防指挥工程）防护安全性；⑤是否符合民用建筑节能强制性标准；⑥勘察设计企业和注册执业人员以及相关人员是否按规定在施工图上加盖相应的图章和签字；⑦法律、

法规、规章规定必须审查的其他内容。

5. B【解析】单利只计算本金的利息，而本金所产生的利息不再计算利息，选项B错误。

6. D【解析】根据公式，$F=P\times(1+i)^n=100\times(1+5.5\%)^{10}\approx170.81$（万元）。

7. B【解析】根据公式，$Q^*=F/(P-V)=500\,000/(60-25-60\times10\%)\approx17\,242$（件）。

8. C【解析】5年后设备更新所需资金1 000万元相当于终值F，每年年末均等的存款相当于年值A，则$A=F\times(A/F,5\%,5)=1\,000\times0.180\,97=180.97$（万元）。

9. B【解析】价值工程的目标是以最低的寿命周期成本实现产品的必要功能，使用户和企业获得理想的经济效益；价值工程的核心是对产品进行功能分析。

10. A【解析】根据各评价对象的功能重要性程度，按上高下低原则排序，选项A错误。

11. C【解析】房地产开发项目前期策划的原则包括约束性原则、差异性原则、系统性原则和预测性原则。

12. B【解析】"建什么"解决项目定位和产品定位问题。

13. D【解析】市场定位是房地产开发项目前期策划工作的核心。

14. A【解析】房地产市场细分是以房地产需求者消费需求的某些特征或变量为依据，对具有不同需求的房地产消费群体进行区分的过程。

15. C【解析】工程项目可行性研究报告的主要内容包括：①项目总说明及项目概况；②市场需求情况和拟建规模；③资源、原材料、燃料及公用设施；④厂址选择和建厂条件；⑤技术方案、设备方案和工程方案；⑥环境保护及防震、防洪等措施；⑦企业组织、劳动定员和人员培训；⑧建设进度计划；⑨投资估算与资金筹措；⑩财务分析和国民经济分析；⑪综合评价。

16. B【解析】ST战略是指充分利用企业或项目的内部优势，避开有较大威胁的开发领域的多元化战略。

17. D【解析】居住项目核心商品定位的主要内容包括功能组合策划、户型设计策划和配套设施策划。选项D属于房地产有形产品的定位。

18. C【解析】生产能力指数法是根据已建成的、性质类似的建设项目或装置的投资额、生产能力和拟建项目或装置的生产能力估算其投资额。

19. B【解析】根据公式，总投资额＝产品的年产量×产品单价/资金周转率＝480×90/1.2＝36 000（万元）。

20. A【解析】工程量清单中其他项目清单包括暂列金额、暂估价、计日工和总承包服务费。

21. B【解析】发包人应在开工前预先支付给承包人预付款，选项B错误。

22. B【解析】在合同约定的缺陷责任期终止后的14天内，发包人应将剩余的质量保证金返还给承包人。

23. A【解析】工作B的最早开始时间＝最早完成时间－持续时间＝11－5＝6（天）；工作B的最迟开始时间＝工作B的最早开始时间＋总时差＝6＋5＝11（天）。

24. A【解析】工作G的最早开始时间为第15天，持续时间为5天，则最早完成时间为第20天。自由时差等于本工作与所有紧后工作之间的时间间隔的最小值，故自由时差＝min｛（25－20），（27－20），（29－20）｝＝5（天）。

25. A【解析】工作实际进度滞后期超过了该工作的总时差和自由时差，使得其紧后工作的最早开始时间推迟4周（6－2），总工期延误2周（6－4）。

26. A【解析】最早开始时间等于其紧前工作最早完成时间的最大值。

27. C【解析】工作M的最早开始时间＝最早完成时间－持续时间＝16－8＝8（天）；最迟开始时间＝最早开始时间＋总时差＝8＋5＝13（天）。

28. B【解析】公开招标的优点包括：招标人可以在较广泛的范围内选择承包商，投标竞争激烈，择优率更高，有利于招标人将工程项目交予可靠承包商实施，并获得有竞争性的商业报价，同时也可以在较大程度上避免招标过程中的贿标行为。

29. C【解析】招标人和中标人签订书面合同的主要条款应当与招标文件和中标人的投标文件的内容一致。招标人和中标人不得再行订立背离合同实质性内容的其他协议，选项A错误。招标人最迟应当在书面合同签订后5日内向中标人和未中标的投标人退还投标保证金及银行同期存款利息，选项B错误。中标人按照合同约定或者经招标人同意，可以将中标项目的部分非主体、非关键性工作分包给他人完成，选项D错误。

30. D【解析】初步评审内容包括投标文件形式审查、投标人资格审查、投标文件对招标文件的响应性审查、施工组织设计和项目管理机构设置的合理性审查。

31. D【解析】发包人应在监理人收到进度付款申请单后的28天内，将进度应付款支付给承包人。

32. B【解析】FIDIC《施工合同条件》是基于（咨询）工程师为核心的管理模式，因此，在合同条款中明示的（咨询）工程师的权限较大。

33. A【解析】美国建筑师学会（AIA）编制了众多的系列标准合同文本，包括以下内容：①A系列，为业主与施工承包商、CM承包商、供应商之间，以及总承包商与分包商之间的合同文本；②B系列，为业主与提供专业服务的建筑师之间的合同文本；③C系列，为建筑师与提供专业服务的咨询机构之间的合同文本；④D系列，为建筑师行业所用的文件；⑤E系列，为合同和办公管理中使用的文件；⑥F系列，为财务管理表格；⑦G系列，为建筑师企业与项目管理中使用的文件。

34. C【解析】在工程勘察合同履行中发生下列情况之一的，属发包人违约：①发包人未按合同约定支付勘察费用；②发包人原因造成勘察停止；③发包人无法履行或停止履行合同；④发包人不履行合同约定的其他义务。

35. C【解析】目前我国建设工程监理的实施范围主要在施工阶段。

36. B【解析】《建设工程安全生产管理条例》规定，工程监理单位有下列行为之一的，责令限期改正；逾期未改正的，责令停业整顿，并处10万元以上30万元以下的罚款；情节严重的，降低资质等级，直至吊销资质证书；造成重大安全事故，构成犯罪的，对直接责任人员，依照刑法有关规定追究刑事责任；造成损失的，依法承担赔偿责任：①未对施工组织设计中的安全技术措施或者专项施工方案进行审查的；②发现安全事故隐患未及时要求施工单位整改或者暂时停止施工的；③施工单位拒不整改或者不停止施工，未及时向有关主管部门报告的；④未依照法律、法规和工程建设强制性标准实施监理的。

37. D【解析】项目监理机构应根据工程监理合同约定，除检查审查有关文件资料、管理制度、人员资格外，主要采用巡视、平行检验、旁站、见证取样等方式实施监理。

38. A【解析】在保险期限内,安装工程一切险承保保险单中列明的被保险财产在列明的工地范围内,因保险单除外责任以外的任何自然灾害或者意外事故造成的物质损失。这些自然灾害或意外事故包括以下方面:①自然灾害。自然灾害是指地震、海啸、雷电、飓风、台风、龙卷风、风暴、暴雨、洪水、水灾、冻灾、冰雹、地崩、山崩、雪崩、火山爆发、地面下陷下沉及其他人力不可抗拒的破坏力强大的自然现象。②意外事故。意外事故是指不可预料的以及被保险人在主观上既无故意也无过失,而是由于不能抗拒或不能预见的愿意所造物质损失或人身伤亡的突发性事件。选项 B、C、D 属于除外责任。

39. C【解析】工程风险估计是建立在有效识别工程风险的基础上,运用概率论和数理统计方法,对工程建设各阶段的风险事件发生的可能性、可能产生的后果、影响的范围和可能发生的时间等进行估计。

40. D【解析】BIM 技术发展意味着其要素,即 BIM 应用点、BIM 应用软件及 BIM 应用标准的发展。其中,BIM 应用点是源头。

41. C【解析】模型图元是 BIM 模型的核心元素,是对建筑实体最直接的反映。

42. B【解析】根据《国家新型城镇化规划(2014—2020)》,我国到 2015 年和 2020 年绿色建筑占城镇新建建筑的比例将分别达到 20% 和 50%。

43. A【解析】2016 年发布的《国务院办公厅关于大力发展装配式建筑的指导意见》指出,装配式建筑原则上应采用工程总承包模式,可按照技术复杂类工程项目招投标。

44. A【解析】装配式建筑评价等级应划分为 A 级、AA 级、AAA 级,并应符合下列规定:①装配率为 60%~75% 时,评价为 A 级装配式建筑;②装配率为 76%~90% 时,评价为 AA 级装配式建筑;③装配率为 91% 及以上时,评价为 AAA 级装配式建筑。

45. B【解析】温度在 250℃ 以内,钢的性质变化很小;温度达到 300℃ 以上,强度逐渐下降;达到 450~650℃ 时,强度降为零。因此,钢结构可用于温度不高于 250℃ 的场合。

46. A【解析】钢框架—支撑体系是高层钢结构住宅中应用最广泛的结构体系,适用于高层及超高层住宅。

47. C【解析】《绿色建筑评价标准》(GB/T 50378—2019)将绿色建筑定义为:在全寿命期内,节约资源、保护环境、减少污染,为人们提供健康、适用、高效的使用空间,最大限度地实现人与自然和谐共生的高质量建筑。

48. B【解析】智慧城市评价指标中的成效类一级指标通常包括公共服务、社会管理、生态宜居、产业体系四方面。选项 B 属于二级指标。

49. D【解析】信息设施系统是指为满足建筑物的应用与管理对信息通信的需求,将各类具有接收、交换、传输、处理、存储和显示等功能的信息系统整合,形成建筑物公共通信服务综合基础条件的系统。

50. C【解析】建筑信息模型(BIM)是以三维数字技术为基础、集成工程项目各种相关信息的数据模型,是对工程项目相关信息的详尽表达,是对一个设施实体和功能特性的数字化表达方式。

51. A【解析】风险管理流程包括风险识别、风险估计、风险评价、风险应对和风险监控。风险识别是风险管理的第一步。风险估计是建立在有效识别工程风险的基础上,运用概率论和数理统计方法,对工程建设各阶段的风险事件发生的可能性、可能产生的后果、影响的范围和可能发生的时间等进行估计。风险评价是指在风险识别和风险估计的基础上,综合考虑工程项目各风险之间的相互影响、相互作用,以及对工程项目的总体影响,然后与风险评价基准进行比较,确定是否要对工程项目采取控制措施的过程。

52. B【解析】《建设工程质量保证金管理办法》(建质〔2017〕138 号)规定,合同约定由承包人以银行保函替代预留保证金的,保函金额不得高于工程价款结算总额的 3%。

53. D【解析】《建设工程监理规范》(GB/T 50319—2013)明确规定,监理实施细则内容包括:①专业工程特点;②监理工作流程;③监理工作要点;④监理工作方法及措施。

54. C【解析】旁站是指项目监理机构对工程的关键部位或关键工序的施工质量进行的监督活动。

55. A【解析】咨询设计服务单位风险中,来自业主或开发商的风险包括:①业主或开发商不遵循客观规律,对工程提出不合理要求;②咨询服务合同欠公平;③可行性研究缺乏严肃性,数据服务于结果,缺乏客观性;④业主或开发商对咨询设计服务单位的干预过多;⑤工程投资预算不足,导致咨询设计服务单位存在资金风险等。选项 B、C 属于来自自身职业责任的风险,选项 D 属于来自承包商的风险。

56. C【解析】基于 BIM 的工程预算具有以下特点:①基于模型的工程量计算和计价一体化;②工程造价调整更加快捷;③深化设计可降低额外费用产生;④BIM 5D 辅助工程造价全过程管理。

57. C【解析】智慧城市顶层设计遵循的基本原则包括以人为本、因城施策、融合共享、协同发展、多元参与、绿色发展和创新驱动。

58. B【解析】一体化的首要特征是人的思维与机器运算思维的打通,其次是设计与建造的打通。

59. D【解析】装配式木结构建筑主要由木材及木制品制作的承重构件组成,具有节能低碳环保效益显著、保温性能好、抗震性能好、具有良好的耗能性能、加工精度高、建造周期短等特点。

60. B【解析】当事人对建设工程实际竣工日期有争议的,按照以下情形分别处理:建设工程经竣工验收合格的,以竣工验收合格之日为竣工日期;承包人已经提交竣工验收报告,发包人拖延验收的,以承包人提交验收报告之日为竣工日期;建设工程未经竣工验收,发包人擅自使用的,以转移占有建设工程之日为竣工日期。

二、多项选择题

61. ACE【解析】建筑市场需求者主要有政府、企业事业单位和个人三种类型,选项 B 错误。建筑市场需求与社会固定资产投资在总体上呈现正相关关系,选项 D 错误。

62. AB【解析】房地产需求包括生产性需求、消费性需求和投资性需求,选项 C 错误。投资性购房量控制在房地产交易总量的 20% 以下,选项 D 错误。一线城市房地产、二线城市房地产的区别体现了房地产市场的层次性,选项 E 错误。

63. ABE【解析】房地产投资项目的不确定性分析主要包括盈亏平衡分析、敏感性分析和风险分析。

64. ABCE【解析】风险管理过程包括风险识别和估计、风险评价和风险应对。
65. ACDE【解析】房地产开发项目前期策划的主要内容包括环境分析、市场定位、运行建议和经济评价。
66. ABCD【解析】房地产开发项目可行性研究报告的主要内容包括：①项目总说明；②项目概况；③开发项目用地现状调查及拆迁安置方案的制定；④市场分析和建设规模的确定；⑤规划设计方案的选择；⑥资源供给条件分析；⑦环境影响评价；⑧项目开发组织机构和管理费用的研究；⑨开发建设计划的编制；⑩项目的经济评价及社会效益分析；⑪结论及建议。
67. ACE【解析】工作总时差是在不影响工程总工期的前提下，工作可以利用的机动时间。工作自由时差是在不影响紧后工作最早开始时间的前提下，工作可以利用的机动时间。工作的自由时差不会长于总时差，因此，工作总时差为零，自由时差必定为零。
68. ACE【解析】由双代号时标网络计划及前锋线可以得出，工作D的实际速度比计划速度滞后了2个月，但工作D有2个月的总时差，没有自由时差，故不影响总工期，影响紧后工作，选项A正确，选项B错误。工作E的实际进度比计划进度滞后了1个月，但工作E有1个月的总时差，故工作E的实际进度不影响总工期，且工作E有一个月的自由时差，故工作E不影响其紧后工作，选项C正确，选项D错误。工作C的实际进度比计划进度滞后了2个月，且总时差为0，在关键线路上，故该工程的实际进度将比计划进度推迟2个月完成，选项E正确。
69. ABE【解析】建设工程勘察设计招标文件包括：①招标公告（或投标邀请书）；②投标人须知；③评标办法；④合同条款及格式；⑤发包人要求；⑥投标文件格式；⑦投标人须知附表规定的其他资料。
70. BCE【解析】评标委员会由招标人代表以及有关技术、经济等方面的专家组成，成员人数为5人以上单数，其中技术、经济等方面的专家不得少于成员总数的2/3。
71. CDE【解析】见证取样涉及三方（施工方、见证方、监理方）行为。
72. ADE【解析】总监理工程师应履行下列职责：①确定项目监理机构人员及其岗位职责；②组织编制监理规划，审批监理实施细则；③根据工程进展及监理工作情况调配监理人员，检查监理人员工作；④组织召开监理例会；⑤组织审核分包单位资格；⑥组织审查施工组织设计、（专项）施工方案；⑦审查开复工报审表，签发工程开工令、暂停令和复工令；⑧组织检查施工单位现场质量、安全生产管理体系的建立及运行情况；⑨组织审核施工单位的付款申请，签发工程款支付证书，组织审核竣工结算；⑩组织审查和处理工程变更；⑪调解建设单位与施工单位的合同争议，处理工程索赔；⑫组织验收分部工程，组织审查单位工程质量检验资料；⑬审查施工单位的竣工申请，组织工程竣工预验收，组织编写工程质量评估报告，参与工程竣工验收；⑭参与或配合工程质量安全事故的调查和处理；⑮组织编写监理月报、监理工作总结，组织整理监理文件资料。选项B、C属于专业监理工程师的职责。
73. BE【解析】按照风险造成的后果分类，工程风险可分为投机风险和纯粹风险。
74. ABCE【解析】装配式建筑发展基本原则包括：①坚持市场主导、政府推动；②坚持分区推进、逐步推广；③坚持顶层设计、协调发展。
75. DE【解析】按照建筑结构中主要预制承重构件连接方式的整体性不同，装配式混凝土建筑可分为装配整体式混凝土结构和全装配混凝土结构两种类型。
76. ABCD【解析】在工程施工合同履行过程中，变更范围包括：①取消合同中任何一项工作，但被取消的工作不能转由发包人或其他人实施；②改变合同中任何一项工作的质量或其他特性；③改变合同工程的基线、标高、位置或尺寸；④改变合同中任何一项工作的施工时间或改变已批准的施工工艺或顺序；⑤为完成工程需要追加的额外工作。
77. ACDE【解析】工程保险属于财产保险范畴，但与普通的财产保险相比，具有以下显著特征：①风险具有特殊性；②保障具有综合性；③被保险人具有广泛性；④保险期限具有不确定性；⑤保险金额具有变动性。
78. BCDE【解析】基于BIM的施工进度计划编制，首先是建立工作分解结构（WBS），然后将WBS作业进度、资源等信息与BIM模型图元信息链接，即可实现4D进度计划，其中的关键是数据接口集成。具体编制流程如下图所示：

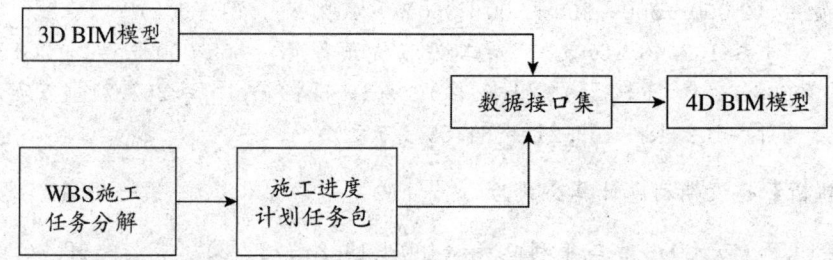

79. ABDE【解析】智能建筑通常由信息化应用系统、智能化集成系统、信息设施系统、建筑设备管理系统、公共安全系统、应急响应系统、智能化系统机房工程等组成。
80. ABCD【解析】根据《绿色建筑评价标准》（GB/T 50378—2019），绿色建筑的特征有：①建筑全寿命期绿色化；②"四节一环保"（节能、节地、节水、节材和保护环境）；③提供"健康、适用、高效"的使用空间；④是与自然和谐共生的高质量建筑。

三、案例分析题

（一）

81. ACD【解析】与公开招标相比，邀请招标的优点是不发布招标公告，不进行资格预审，简化了招标程序，因而可节约招标费用、缩短招标时间。而且由于招标人比较了解投标人以往的业绩和履约能力，从而减少合同履行过程中承包商违约的风险。
82. BC【解析】招标人采用邀请招标方式的，应当向3个以上具备承担招标项目的能力、资信良好的特定法人或其他组织发出投标邀请书，选项B错误。招标公告或投标邀请书应当载明招标人的名称和地址，招标项目的性质、数量、实施地点和时间，以及获取招标文件的办法等事项，选项C错误。
83. A【解析】投标保证金不得超过招标项目估算价的2%，即2 000×2%＝40（万元）。
84. D【解析】评标委员会由招标人的代表和有关技术、经济等方面的专家组成，成员人数为5人以上的单数，其中招标人、招标代理机构以外的技术、经济等方面专家不得少于成员总数的2/3。本题专家人数应为：$7×2/3≈5$（人）。故评标委员会成员中专家人数未达到法定比例。

85. C【解析】有下列情形之一的，评标委员会应当否决其投标：①投标文件未经投标单位盖章和单位负责人签字；②投标联合体没有提交共同投标协议；③投标人不符合国家或者招标文件规定的资格条件；④同一投标人提交两个以上不同的投标文件或者投标报价，但招标文件要求提交备选投标的除外；⑤投标报价低于成本或者高于招标文件设定的最高投标限价；⑥投标文件没有对招标文件的实质性要求和条件作出响应；⑦投标人有串通投标、弄虚作假、行贿等违法行为。

（二）

86. B【解析】基本预备费＝（工程费用＋工程建设其他费用）×基本预备费率＝（2 000＋500＋200＋300）×12%＝360（万元）。

87. B【解析】涨价预备费$=\sum_{t=1}^{n}I_t[(1+f)^m(1+f)^{0.5}(1+f)^{t-1}-1]$，第一年涨价预备费＝（2 000＋500＋200＋300＋360）×40%×[（1＋5%）^{1}（1＋5%）$^{0.5}$（1＋5%）^{0}－1]≈102.48（万元）。第二年涨价预备费＝（2 000＋500＋200＋300＋360）×60%×[（1＋5%）^{1}（1＋5%）$^{0.5}$（1＋5%）^{1}－1]≈262.21（万元）。涨价预备费总计＝102.48＋262.21＝364.69（万元）。

88. A【解析】建设期利息计算公式为：$q_j=\left(P_{j-1}+\frac{1}{2}A_j\right)\times i$。第一年利息＝480/2×8%＝19.2（万元）；第二年利息＝（480＋19.2＋720/2）×8%≈68.74（万元）。建设期利息共计＝19.2＋68.74＝87.94（万元）。

89. AD【解析】建设工程造价是建设项目总投资的主要组成部分。生产性建设项目的总投资包括建设投资、建设期利息和流动资金三部分，而建设工程造价就是建设投资和建设期利息之和。其中，建设投资又由工程费用、工程建设其他费用和预备费三部分构成。工程费用是指建设期直接用于工程建造、设备购置及安装的费用，包括设备及工器具购置费和建筑安装工程费。预备费是指在建设期因各种不可预见因素的变化而预留的可能增加的费用，包括基本预备费和涨价预备费。故工程费用＝2 000＋500＋200＝2 700（万元），建设投资＝2 700＋300＋360＋364.69＝3 724.69（万元），建设工程造价＝3 724.69＋87.94＝3 812.63（万元），建设总投资＝3 724.69＋87.94＋300＝4 112.63（万元）。

90. A【解析】工程建设其他费用可分为三类，即土地使用费和其他补偿费、与工程建设过程有关的费用、与工程未来生产经营有关的费用。其中，与工程建设过程有关的费用包括建设管理费、可行性研究费、专项评价费、研究试验费、勘察设计费、场地准备费和临时设施费、引进技术和进口设备材料其他费、特殊设备安全监督检查费、市政公用配套设施费、工程保险费、专利及专有技术使用费。

（三）

91. C【解析】互斥方案是指在若干方案中，选择其中任一方案，其他方案必然会被排斥的一组方案。本案例中，要从A、B两个方案中选择一种有利的方案，因此A、B方案是互斥方案。两种节能改造方案的寿命期都为15年，所以该建筑节能改造A、B方案属于寿命期相同的互斥方案。

92. D【解析】寿命期相等的互斥方案比选，可采用净现值法、增量净现值法（也称差额净现值法）、增量内部收益率法。

93. D【解析】费用现值是将方案的投资现值与年运行成本现值相加。A方案费用现值＝3 600＋700×（P/A，10%，15）＝3 600＋700×7.606＝8 924.2（万元）。

94. D【解析】B方案的费用现值＝4 800＋400×（P/A，10%，15）＝4 800＋400×7.606＝7 842.4（万元），则B方案第15年年末的将来值＝7 842.4×（F/P，10%，15）＝7 842.4×4.177≈32 757.7（万元）。

95. A【解析】若使A、B两个方案优劣相同，可使A、B两个方案的费用现值相等，其他数值不变，B方案的年运行费用用X表示，则8 924.2＝4 800＋X×7.606，可得X≈542.23。

（四）

96. B【解析】承包人对其履行合同所雇用的全部人员，包括分包人人员的工伤事故承担责任，但由于发包人原因造成承包人人员的工伤事故，应由发包人承担责任。

97. C【解析】出现专用合同条款约定的异常恶劣气候条件导致工期延误的，承包人有权要求发包人延长工期。

98. A【解析】因承包人责任引起的暂停施工，增加的费用和延误的工期由承包人承担；发包人责任引起的暂停施工，承包人有权要求发包人延长工期和（或）增加费用，并支付合理利润。

99. A【解析】因承包人原因造成工程质量达不到合同约定验收标准，监理人有权要求承包人返工直至符合合同要求为止，由此造成的费用增加和（或）工期延误由承包人承担。本案例中材料是承包人采购的，所以材料原因引起的工程损失属于承包人原因。

100. ABC【解析】施工准备阶段合同管理中，发包人主要义务有以下四个方面：①发包人应及时完成施工场地的征用、移民、拆迁工作，按专用合同条款约定的时间和范围向承包人提供施工场地。②发包人应按专用条款约定及时向承包人提供施工场地范围内地下管线和地下设施等有关资料。地下管线包括供水、排水、供电、供气、供热、通信、广播电视等的埋设位置，以及地下水文、地质等资料。发包人应保证资料的真实、准确、完整。③发包人应根据工程施工需要，负责办理取得出入施工场地的专用和临时道路的通行权。④发包人应根据合同进度计划，组织设计单位向承包人和监理人对提供的施工图纸和设计文件进行交底。

《建筑与房地产经济专业知识与实务》（中级）押题模拟试卷（六）

一、单项选择题

1. B【解析】房地产开发项目决策的目的是选择具体的投资项目，具体包括市场分析、财务评价和项目决策三步。

2. D【解析】建筑市场运行特点包括：①建筑产品是需求者向供给者进行预先订货式交易的产物；②建筑产品交易持续时间长；③建筑市场存在显著地区性；④市场竞争较为激烈；⑤竞争方式以投标竞争为主；⑥供求不均衡普遍存在；⑦交易计价方式独特；⑧建筑市场风险大。

3. C【解析】房地产需求包括生产性需求、消费性需求和投资性需求。其中，投资性需求是指人们购置房地产不直接用于生产经营和消费，而是将房地产作为一种价值形式存储，在合适的时候转售或出租，以达到保值增值的目的。

4. A【解析】向A、B两个方案投资4 000万元（1 500+2 500），收益为5 000万元（2 000+3 000），说明两个方案间加法法则成立，即A、B两个投资方案是相互独立的。

5. D【解析】在提高产品功能的同时，又降低产品成本，可大大提高产品价值。这是提高产品价值最理想的途径。

6. B【解析】偿债备付率=可用于还本付息的资金/还本付息金额，可用于还本付息的资金=20×（1-25%）=15（万元），则偿债备付率=15/8.54≈1.76。

7. D【解析】动态盈利性指标包括净现值、内部收益率、动态投资回收期、净年值和净现值率。

8. D【解析】价值工程研究对象的选择方法包括百分比法、价值指数法和ABC分析法。选项D属于功能评价的方法。

9. A【解析】从价值工程实践来看，方案创造是决定价值工程成败的关键。

10. B【解析】初步可行性研究亦称"预可行性研究"或"前可行性研究"，是指在机会研究的基础上，对项目建设的可能性和可行性进行更深入的分析论证。

11. D【解析】房地产开发项目前期策划的原则包括约束性原则、差异性原则、系统性原则和预测性原则。

12. C【解析】房地产有形产品定位主要包括小区规划策划、环境设计策划和建筑设计策划。选项A、B、D属于核心产品定位的主要内容。

13. D【解析】在选定目标客户后，要进一步分析目标客户的基本特征。房地产开发项目目标客户特征要素包括区域特征、家庭结构、职业与社会阶层、年龄构成、收入构成、置业次数、置业需求等。

14. D【解析】"为谁建"解决项目客户定位问题。

15. D【解析】房地产开发项目可行性研究报告的主要内容包括：①项目总说明；②项目概况；③开发项目用地现状调查及拆迁安置方案的制定；④市场分析和建设规模的确定；⑤规划设计方案的选择；⑥资源供给条件分析；⑦环境影响评价；⑧项目开发组织机构和管理费用的研究；⑨开发建设计划的编制；⑩项目的经济评价及社会效益分析；⑪结论及建议。

16. B【解析】根据公式，资金周转率=产品的年产量×产品单价/总投资额=60×100/5 000=1.20。

17. A【解析】招标控制价是指招标人根据国家或省级、行业建设主管部门颁发的有关计价依据和办法，以及拟定的招标文件和招标工程量清单，结合工程具体情况编制的招标工程的最高投标限价。

18. D【解析】分部分项工程量清单应载明项目编码、项目名称、项目特征、计量单位和工程量五个要件。这五个要件在分部分项工程量清单的组成中缺一不可。

19. D【解析】工程量清单计价应采用综合单价法。这里的综合单价是指完成一个规定清单项目所需的人工费、材料和工程设备费、施工机具使用费和企业管理费、利润以及一定范围内的风险费用。无论是分部分项工程项目、措施项目，还是其他项目，其综合单价的组成内容均包括除规费、税金以外的所有金额。

20. D【解析】工程量清单中其他项目清单包括暂列金额、暂估价、计日工和总承包服务费。

21. D【解析】最早完成时间=最早开始时间+持续时间=21+6=27（天），最迟完成时间=最早完成时间+总时差=27+4=31（天）。

22. A【解析】除以终点节点为完成节点的工作外，其他工作的自由时差等于本工作与其紧后工作之间时间间隔的最小值，即工作H的自由时差=min{4,5,6}=4（天）。

23. B【解析】工作N的时间进度比计划进度滞后5天，但是总时差是3天，将会使总工期延迟2天（5-3），又因为自由时差是1天，将会使其紧后工作的最早开始时间推后4天（5-1）。

24. A【解析】工作H的最早完成时间=最早开始时间+持续时间=6+5=11（天），工作H的最迟完成时间为其紧后工作的最迟开始时间的最小值，即min{15,16,17}=15（天），工作H的总时差=最迟完成时间-最早完成时间=15-11=4（天）。

25. D【解析】根据所追求的目标不同，网络计划优化包括工期优化、费用优化和资源优化。应根据工程设计需要选择不同的优化方法进行网络计划优化。

26. C【解析】工作M的最早开始时间=最早完成时间-持续时间=13-6=7（天），最迟开始时间=最早开始时间+总时差=7+7=14（天）。

27. C【解析】施工合同计价方式分为三种，即总价方式、单价方式和成本加酬金方式。相应地，施工合同也可称为总价合同、单价合同和成本加酬金合同。

28. D【解析】能够早日结算的项目（如前期措施费、基础工程、土石方工程等）可以适当提高报价，以利资金周转，提高资金时间价值。后期工程项目（如设备安装、装饰工程等）的报价可适当降低。

29. C【解析】有下列情形之一的，评标委员会应当否决其投标：①投标文件未经投标单位盖章和单位负责人签字；②投标联合体没有提交共同投标协议；③投标人不符合国家或者招标文件规定的资格条件；④同一投标人提交两个以上不同的投标文件或者投标报价，但招标文件要求提交备选投标的除外；⑤投标报价低于成本或者高于招标文件设定的最高投标限价；⑥投标文件没有对招标文件的实质性要求和条件作出响应；⑦投标人有串通投标、弄虚作假、行贿等违法行为。

30. B【解析】有下列情形之一的，属于招标人与投标人串通投标：①招标人在开标前开启投标文件并将有关信息泄露给其他投标人；②招标人直接或者间接向投标人泄露标底、评标委员会成员等信息；③招标人明示或者暗示投标人压低或者抬高投标报价；④招标人授意投标人撤换、修改文件；⑤招标人明示或者暗示投标人为特定投标人中标提供方便；⑥招标人与投标人为谋求特定投标人中标而采取的其他串通行为。

31. B【解析】设计施工总承包合同履行管理中，符合专用合同条款约定的开始工作条件的，发包人应委托监理人提前7天向承包人发出开始工作通知。

32. A【解析】工程监理性质可概括为服务性、科学性、独立性和公平性四个方面。

33. D【解析】工程监理单位转让工程监理业务的，责令改正，没收违法所得，处合同约定的监理酬金25%以上50%以下的罚款；可以责令停业整顿，降低资质等级；

情节严重的，吊销资质证书。

34. B【解析】一名注册监理工程师可担任一项工程监理合同的总监理工程师。选项B错误。

35. D【解析】监理规划应依据下列内容编制：①相关法律法规和标准；②拟建工程外部环境调研资料，包括自然、社会、经济条件等方面的资料；③工程项目有关审批、核准或备案文件；④工程监理合同及施工、材料设备采购合同；⑤委托方要求；⑥工程施工过程中输出的有关工程信息。

36. A【解析】项目监理机构发现下列情况之一时，总监理工程师应及时签发工程暂停令：①建设单位要求暂停施工且工程需要暂停施工的；②施工单位未经批准擅自施工或拒绝项目监理机构管理的；③施工单位未按审查通过的工程设计文件施工的；④施工单位违反工程建设强制性标准的；⑤施工存在重大质量、安全事故隐患或发生质量、安全事故的。

37. C【解析】BIM构件信息的多元化特征，使其除具有一般3D模型的功能外，还可模拟建筑设施的一些非几何属性，如能耗分析、照明分析、冲突检查等。

38. A【解析】BIM应用标准可分为数据标准、内容标准、协同工作标准等。

39. B【解析】种植屋面是目前比较流行的一种屋面，它是在建筑屋面或地下工程顶板的防水层上铺以种植土或设置容器种植植物，使其起到防水、保温、隔热和环保作用的屋面。

40. C【解析】根据《"十三五"装配式建筑行动方案》，到2020年，全国装配式建筑占新建建筑的比例达到15%以上。

41. D【解析】工程监理信息系统或信息平台的主要作用体现在以下五个方面：①利用计算机数据存储技术，存储和管理与工程项目有关的信息，并随时进行查询和更新；②利用计算机数据处理功能，可快速、准确地处理工程监理所需要的信息；③利用计算机分析运算功能，可快速提供高质量决策支持信息和备选方案；④利用计算机网络技术，实现工程参建各方、各部门之间的信息共享和协同工作；⑤利用计算机虚拟现实技术，可直观展示工程项目大量数据和信息。

42. B【解析】FIDIC《施工合同条件》适用于土木工程施工的单价合同形式，由通用条件和专用条件两部分组成，并附有合同协议书、投标函和争端仲裁协议书格式。

43. D【解析】《建设工程监理范围和规模标准规定》（建设部令第86号）进一步细化了必须实行监理的工程范围和规模标准，具体为：①国家重点建设工程。②大中型公用事业工程。大中型公用事业工程是指项目总投资额在3 000万元以上的下列工程项目：供水、供电、供气、供热等市政工程项目；科技、教育、文化等项目；体育、旅游、商业等项目；卫生、社会福利等项目；其他公用事业项目。③成片开发建设的住宅小区工程。建筑面积在50 000平方米以上的住宅建设工程必须实行监理；50 000平方米以下的住宅建设工程，可以实行监理，具体范围和规模标准，由省、自治区、直辖市人民政府建设行政主管部门规定。④利用外国政府或者国际组织贷款、援助资金的工程。⑤国家规定必须实行监理的其他工程。

44. A【解析】业主或开发商在工程项目决策阶段经常会遇到的风险包括：①国家宏观政策、产业政策及区域发展规划变动所引起的政策风险，如调整国民经济计划、增加税收，强迫某些工程下马，或由于各种原因政府迟发、拒发、吊销项目许可证，或国家产业限制政策对某些项目加重税收等；②项目产品需求、价格和竞争等方面变化引起的市场风险，如国内外市场、近期与长期市场需求数据的不确定性，产品和原材料价格的剧烈波动，可替代产品和同类产品的影响等；③国家和地区的居民教育程度和文化水平、风俗习惯等引起的社会文化风险，如文化水平会影响居民对项目或其产品的需求层次，宗教信仰和风俗习惯会禁止或限制某些工程活动进行等；④与投资有关的法律风险，如反垄断、反不正当竞争的法律不健全，投资立项的"关系工程""侵权工程""假担保工程""条子工程"等；⑤投资决策组织机制、责任机制、动力机制、控制机制等方面不健全带来的内部决策机制风险等。

45. C【解析】建筑生态模拟是指在建筑建成前按照设计方案对建筑性能进行精确的数字化方针模拟，并在此基础上有针对性地改进和优化设计方案。应用BIM进行建筑生态模拟分析的内容包括能耗模拟、自然采光模拟和自然通风模拟。

46. C【解析】根据《绿色建筑评价标准》（GB/T 50378—2019），我国绿色建筑评价的内容包括安全耐久、健康舒适、生活便利、资源节约和环境宜居五方面。

47. B【解析】外墙外保温工程是指外保温系统通过施工或安装固定在外墙外表面上所形成的建筑构造实体。它具有适用范围广、保温隔热效果好、保护主体结构、改善室内环境等优点。选项B属于外墙内保温系统的优点。

48. A【解析】承包人应在每个付款周期末，按监理人批准的格式和专用条款约定的份数，向监理人提交进度付款申请单，并附相应的支持性证明文件。进度付款申请单内容包括：①截至本次付款周期末已实施工程的价款；②变更金额；③索赔金额；④本次应支付的预付款和扣减的返还预付款；⑤本次扣减的质量保证金；⑥根据合同应增加和扣减的其他金额。

49. C【解析】在FIDIC《施工合同条件》实施过程中，争端解决方式包括裁决、友好协商、仲裁等。

50. C【解析】工程监理的性质包括服务性、科学性、独立性和公平性。其中，独立性是工程监理单位公平地实施监理的基本前提。

51. A【解析】总监理工程师不得将下列工作委托给总监理工程师代表：①组织编制监理规划，审批监理实施细则；②根据工程进展及监理工作情况调配监理人员；③组织审查施工组织设计、（专项）施工方案；④签发工程开工令、暂停令和复工令；⑤签发工程款支付证书，组织审核竣工结算；⑥调解建设单位与施工单位的合同争议，处理工程索赔；⑦审查施工单位的竣工申请，组织工程竣工预验收，组织编写工程质量评估报告，参与工程竣工验收；⑧参与或配合工程质量安全事故的调查和处理。

52. D【解析】装配式钢结构住宅的关键是需要整体解决方案，三板技术体系成为系统解决方案的重点。

53. C【解析】井干式结构是将截面适当加工后的方木、原木在水平方向上层层叠放，并通过端部交叉咬合连接，围合成井字形墙体的木结构承重体系。

54. D【解析】美国LEED评价体系中，LEED-H是面向住宅评估。

55. B【解析】总建筑面积大于20 000平方米的公共建筑或建筑高度超过100米的建筑所设置的应急响应系统，必须配置与上一级应急响应系统信息互联的通信接口。

56. A【解析】责任免除可划分为绝对责任免除和相对责任免除。绝对责任免除包括不可抗力、他人责任和被保险人责任。相对责任免除包括文件、图纸或其他资料的损毁、灭失，交叉责任等。

57. D【解析】按保障范围不同，工程保险可分为建筑工程一切险、安装工程一切险、职业责任保险、意外伤害保险、保证保险、十年责任险、机动车辆险等。选项D属于按实施方式不同划分的保险类型。

58. C【解析】风险预防是一种主动的风险应对策略。选项C错误。

59. C【解析】符合专用合同条款约定的开始勘察条件的，发包人应提前7天向勘察人发出开始勘察通知。勘察服务期限自开始勘察通知中载明的开始勘察日期起计算。

60. A【解析】模型质量控制可分为事前质量控制和质量验收两个环节。其中，质量验收是指交付BIM模型和深化图纸时由建设单位质量管理者来执行验收。

二、多项选择题

61. BD【解析】寿命期相等的互斥方案的比选可采用净现值法、增量内部收益率法和增量净现值法。

62. ABDE【解析】提高产品的价值途径包括：①在提高产品功能的同时，又降低产品成本，可大大提高产品价值；②在产品成本不变的条件下，通过提高产品的功能，达到提高产品价值的目的；③在保持产品功能不变的前提下，通过降低产品寿命周期成本，达到提高产品价值的目的；④产品功能有较大幅度提高，产品成本有较少提高；⑤在产品功能略有下降、产品成本大幅度降低的情况下，也可达到提高产品价值的目的。

63. ABCD【解析】进口设备原价=货价+国际运费+国际运输保险费+银行财务费+进口代理手续费+关税+进口增值税+消费税+车辆购置税。

64. BC【解析】按我国现行规定，预备费包括基本预备费和涨价预备费。

65. ACE【解析】工作C的最早完成时间=最早开始时间+持续时间=8+6=14（周），工作C的自由时差=min{16-14, 18-14}=2（周），工作C的总时差=min{16-14+3, 18-14+2}=5（周），工作C的最迟完成时间=最早完成时间+总时差=14+5=19（周）。

66. CDE【解析】工作总时差是在不影响工程总工期的前提下该工作可以利用的机动时间。工作总时差等于该工作的最迟完成时间与最早完成时间之差，或该工作的最迟开始时间与最早开始时间之差。

67. BCDE【解析】承包人人员伤亡应由承包人负责，并承担相应费用，选项A错误。

68. ABCE【解析】工程勘察设计招标的主要环节包括：①发布招标公告或发出招标邀请书；②投标单位资格预审；③编制和发售招标文件；④组织踏勘现场。

69. ADE【解析】招标人可以自行决定是否编制标底。一个招标项目只能有一个标底。标底必须保密。接受委托编制标底的中介机构不得参加受托编制标底项目的投标，也不得为该项目的投标人编制投标文件或者提供咨询。如招标人设有最高投标限价，应当在招标文件中明确最高投标限价或者最高投标限价的计算方法。招标人不得规定最低投标限价。

70. ABCD【解析】初步审评的主要内容包括：①投标文件形式审查；②投标资格审查；③投标文件对招标文件的响应性审查；④施工组织设计和项目管理设置的合理性审查。

71. CDE【解析】美国建筑师学会（AIA）编制了众多的系列标准合同文本，包括以下内容：①A系列，为业主与施工承包商、CM承包商、供应商之间，以及总承包商与分包商之间的合同文本；②B系列，为业主与提供专业服务的建筑师之间的合同文本；③C系列，为建筑师与提供专业服务的咨询机构之间的合同文本；④D系列，为建筑师行业所用的文件；⑤E系列，为合同和办公管理中使用的文件；⑥F系列，为财务管理表格；⑦G系列，为建筑师企业与项目管理中使用的文件。

72. BCDE【解析】BIM技术的特征包括：①信息存储结构具有多元化特征；②以参数化建模作为创建模型的主要技术；③以联合数据库的分类模型作为模型系统的实现方法；④以通用数据交换标准作为系统间信息交换的基础。

73. ABD【解析】装配式组合结构的优点包括：①可以更好地实现建筑功能；②可以更好地实现艺术表达；③可使结构优化；④可使施工更便利。但装配式组合结构也有一些缺点或局限性，包括：①结构计算复杂，有的装配式组合结构无适宜的受力模型和计算软件对应；②不同材料构件的连接设计缺少标准支持；③制作和施工安装需要更紧密的协同；④对施工管理要求高。

74. BCDE【解析】城市节地途径有以下几种方式：①适当建造多层、高层建筑，适当提高公共建筑的建筑密度，住宅建筑立足创造宜居环境确定建筑密度和容积率，同时降低建筑密度；②强调土地集约化利用，为今后的持续发展留有余地，增加绿地面积，改善居住环境，充分利用周边的配套公共建筑设施，合理规划用地；③高效利用土地，如开发利用地下空间，采用新型结构体系与高强轻质结构材料，提高建筑空间的使用率，改善城市环境。

75. AC【解析】专业监理工程师应履行下列职责：①参与编制监理规划，负责编制监理实施细则；②审查施工单位提交的涉及本专业的报审文件，并向总监理工程师报告；③参与审核分包单位资格；④指导、检查监理员工作，定期向总监理工程师报告本专业监理工作实施情况；⑤检查进场的工程材料、构配件、设备的质量；⑥验收检验批、隐蔽工程、分项工程，参与验收分部工程；⑦处置发现的质量问题和安全事故隐患；⑧进行工程计量；⑨参与工程变更的审查和处理；⑩组织编写监理日志，参与编写监理月报；⑪收集、汇总、参与整理监理文件资料；⑫参与工程竣工预验收和竣工验收。选项B、D、E属于总监理工程师的职责。

76. ABC【解析】工程风险评价常用方法包括主观评分法、等风险图法、蒙特卡洛法等。选项D、E属于工程风险识别常用的方法。

77. ACDE【解析】智慧城市评价指标设计应遵循的原则包括导引性、代表性、人本性、规范性、可操作性和系统性。

78. ABC【解析】中标后承包商与业主签订合同，并在履约过程中会遇到的风险包括：合同条件不平等或存在着对承包商不利的缺陷，合同管理不善，工程施工管理能力不足或技术不熟练，分包单位管理水平低下等。选项D、E属于承包商验收交付阶段的风险。

79. ADE【解析】建设工程设计责任保险包括年度责任险、项目责任险和多项工程保险。

80. BDE【解析】装配式建筑应同时满足下列要求：①主体结构部分的评价分值不低于20分；②围护墙和内隔墙部分的评价分值不低于10分；③采用全装修；④装配率

不低于50%。

三、案例分析题

（一）

81. D【解析】根据公式，$Q^* = F/(P-V) = 1\,200\,000/(150-60-20) \approx 17\,143$（件）。

82. C【解析】根据公式，$P^* = (F+VQ)/Q = (1\,200\,000 + 60 \times 30\,000 + 20 \times 30\,000)/30\,000 = 120$（元）。

83. B【解析】根据公式，生产负荷率$= Q_0/Q_d \times 100\% = 17\,143/30\,000 \times 100\% \approx 57.14\%$。

84. A【解析】根据公式，$B = PQ - F - VQ = 150 \times 30\,000 - 1\,200\,000 - (60+20) \times 30\,000 = 900\,000$（元）$= 90$（万元）。

85. ABD【解析】盈亏平衡分析虽然能够度量项目风险大小，但是不能揭示产生项目风险的根源，选项C错误。

（二）

86. C【解析】总持续时间最长的线路称为关键线路。本题中，①—④—⑤—⑥—⑨线路上所有工作持续时间最长，为20周，故该线路为关键线路。

87. D【解析】关键线路上的各项工作的持续时间总和等于网络计划的计算工期。根据第86题计算结果可知为20周。

88. C【解析】工作总时差等于该工作的最迟开始时间与最早开始时间之差，或最迟完成时间与最早完成时间之差。工作A的最早开始时间为0周，最迟开始时间为第5周，因此总时差$=5-0=5$（周）。

89. B【解析】工作F的总时差=工作K的最早开始时间-工作F的最早完成时间，工作K的最早开始时间=总工期-工作K的持续时间=20-7=13，工作F的最早完成时间=5+5=10，所以工作F的总时差=13-10=3（天）。

90. ACD【解析】工作G的最早完成时间=4+5+3=12；工作G的最早开始时间=4+5=9；工作G的最迟开始时间=20-3=17；工作G的完成节点是终点节点，因此总时差和自由时差是相等的。

（三）

91. C【解析】寿命期相等的互斥方案的比选方法包括净现值法、增量净现值法和增量内部收益率法。

92. ABD【解析】寿命期不等的互斥方案的比选方法包括最小公倍数法、净年值法和研究期法。

93. C【解析】A方案的净现值$=-5\,000 + 1\,000 \times (P/A, 9\%, 8) + 200 \times (P/F, 9\%, 8) = 635.18$（万元）。

94. B【解析】根据公式，静态投资回收期=期初一次投资额/年净收益$=7\,000/1\,200 \approx 5.83$（年）。

95. C【解析】A方案的净现值=635.18（万元），B方案的净现值$=-7\,000 + 1\,200 \times 5.534\,8 + 300 \times 0.501\,9 = -207.67$（万元），C方案的净现值$=-8\,000 + 1\,550 \times 5.534\,8 + 400 \times 0.501\,9 = 779.7$（万元）。C方案的净现值最大，故应选择C方案。

（四）

96. ACD【解析】价值工程的三要素是价值、功能和成本。

97. C【解析】乙方案的成本系数$=1\,108.00/(1\,437.58+1\,108.00+1\,081.80) \approx 0.305$。

98. A【解析】甲方案的成本系数$=1\,437.58/(1\,437.58+1\,108.00+1\,081.80) \approx 0.396$，甲方案的价值系数=功能系数/成本系数$=0.360/0.396 \approx 0.909$。

99. B【解析】丙方案的成本系数$=1\,081.80/(1\,437.58+1\,108.00+1\,081.80) \approx 0.298$，丙方案的价值系数=功能系数/成本系数$=0.296/0.298 \approx 0.993$。

100. B【解析】乙方案的价值系数=功能系数/成本系数$=0.344/0.305 \approx 1.128$。根据第98、99两题的计算结果可知，乙方案的价值系数最大，且大于1，因此最优方案为乙方案。